GABRIEL FREYRE

Al católico que goza de una buena educación, no le agobia la duda ni la confusión.

UNIDOS POR CRISTO SEPARADOS POR GUSTO

Impreso en México.
Primera edición 2012.

Gabriel Freyre.

fugas_giga@hotmail.com @mododever

Diseño de carátula: María Antonia Pérez.

Revisión ortográfica: Maritza Gómez Vega.

ISBN 978-607-00-5946-9

mariaenmexico@gmail.com

La verdad los hará libres (Juan 8:32)

Introducción

El milagro de la Encarnación.

Después de la venida de Nuestro Señor Jesucristo las generaciones pudieron respirar con alivio. Efectivamente, su heroico sacrificio en representación del linaje humano significó merecernos la gloria y el volver a ser reconocidos como hijos adoptivos de Dios.

En otras palabras, el Hacedor Supremo por una generosidad enteramente gratuita nos ha bendecido con el milagro de la Encarnación, Pasión y Resurrección de Jesucristo, para que ya no tengamos que estar más sujetos a la muerte, sino que al partir de esta vida podamos pasar a gozar directamente de su inefable compañía junto a los ángeles elevados del Cielo.

Este beneficio insigne, como que conforma la esencia de la doctrina cristiana, así que creemos merece una explicación un poco más extensa.

Si hay algo en lo que todos coincidiremos es en que: el ser humano por sus propias fuerzas no puede hacer lo necesario para salvarse, sino que necesita que la Divina Providencia interceda por él. Ya lo decía Platón antes de la llegada de Cristo: "La razón humana por sí sola no tiene energía suficiente para superar las grandes dificultades de la filosofía, entretanto no venga una razón superior del Cielo que le enseñe a los hombres la Justicia".

Analizando profundamente este punto, y en vista del milagro de la Encarnación del Verbo, halla el catolicismo respuesta al enigma impenetrable de la reparación de nuestro linaje, aclarándolo de la siguiente manera:

Al nacer el Hombre con la mancha del pecado y al faltarle a este las fuerzas para vencer diariamente las tentaciones violentas, vive, por decirlo así, cayendo una y otra vez en culpas graves que se multiplican, volviéndole prácticamente un reo de condenación perpetua. Y ciertamente, al ser estas faltas transgresiones graves a los mandamientos de Dios y sobre todo al ser asestadas a conciencia, directamente a su bondad y majestad infinita, adquieren desde luego un valor de injuria mucho más grandes, es decir que ya no se pueden reparar sino devolviéndole, a Nuestro Señor, una satisfacción por lo menos igual de infinita.

Al ser insuficiente el empeño del hombre para satisfacer la justicia divina, nuestro sapientísimo Padre determinó desde el Cielo enmendar las faltas humanas enviando a la Tierra a su Hijo unigénito, de manera que por medio de su expiación quedase a salvo todo fuero de justicia. Efectivamente, porque al ser Jesucristo una expansión simultánea de la suprema personalidad de Dios y a la vez, compartir naturaleza con el Hombre, todas sus obras y padecimientos, entonces sí, recibieron un valor infinito por razón y dignidad, bastando su sacrificio para pagar sobrenaturalmente todas las deudas humanas contraídas con Dios.

Pero, aún hay un detalle no menor. Pues si el catolicismo no tuviera otra cosa que la certeza histórica de la encarnación de su Rey, sin dudas sería esta la religión más desoladora y huera del universo. Es por esto que la salud del mundo —según dice la Iglesia— sólo por mérito de Dios no está reparada. No. Para ello es necesario que, cada individuo haga aplicación de su ley y fundándose en el Evangelio de Jesucristo incorpore sus innumerables tesoros sacramentales.

San Juan XIV, 23 "Si alguno me ama guardará mi palabra".

Al lector

Cristianismo: doctrina de la verdad y de la caridad

Nuestro Señor Jesucristo, como todos saben, reveló a los santos apóstoles directamente la doctrina que su Eterno Padre previamente le comunicó, y a su vez estas les fueron entregadas, ora a viva voz, ora por medio de las cartas que escribieron, a sus respectivos obispos, junto al mando de las distintas iglesias que se erigieron por todas las regiones evangelizadas. Hoy, nosotros, solo podemos saber cuál es esa doctrina por medio de las instrucciones de los obispos, quienes, a su vez, juntamente con los presbíteros de todas las iglesias del mundo están obligados a impartírnoslas por medio de la prédica, la misa y el catecismo. En otras palabras, todos los miembros autorizados de la iglesia tienen la obligación de propagarla de modo que la gente pueda sacar provecho a ella. Y ¿Cómo sacarle provecho a esta ciencia teísta perfecta creada por Dios para bien de todos los hombres? Pues, profesando la fe y la ley de Jesucristo. Esto significa: observar y recibir con devoción los Santos Sacramentos según la tradición apostólica; creer plenamente y estar seguro de las verdades que instruye la Iglesia Apostólica genuina; orar (hablarle a Dios) con regularidad;

amar a Dios sobre todas las cosas y al prójimo como a sí mismo. ¡Dichoso el cristiano que practique estas cosas tan simples! Porque quien vive según lo indica Nuestro Señor desarrolla todo tipo de buenas cualidades en esta vida y por ende, es muy afortunado en su entorno personal. "Buscad primero el Reino de Dios —enseñó Jesucristo— el resto se te sumará por añadidura". La regla, pues, para conocer si uno ama realmente a dios, es ver si guarda sus mandamientos. Desde luego, no puede ser más claro Nuestro Señor. El problema es que tomar el camino de la santidad no es el más fácil. A veces el hombre se enceguece y se cree ajeno a las leyes de Dios o quiere crear sus propias leyes, sus propias iglesias, dando origen a todo esto que vemos hoy en día: escepticismo y una gran división en el seno mismo de la Iglesia de Cristo.

GABRIEL FREYRE

La divergencia religiosa solo conlleva a vergonzosas disputas entre cristianos. Esta se alimenta a diario de diferencias culturales e incluso del impulso connatural de ciertos individuos a quienes les aprovecha de alguna manera cualquier desigualdad.

Opinión personal del autor.

CAPÍTULO I

LA VIRTUD DE LA IGLESIA.

CAPÍTULO II

IGLESIA FUERA DE LA IGLESIA.

CAPÍTULO III

MISA Y SACRAMENTOS.

CAPÍTULO IV

SELLO DE LA FE.

CAPÍTULO V

PRECURSORES Y CAUSAS DE LA SEPARACIÓN.

CAPÍTULO X
LA IGLESIA EN NORTEAMÉRICA.

CAPÍTULO XI
LA IGLESIA EN LATINOAMÉRICA.

La Iglesia es la sal de la tierra.

San Mateo XVI, 18-19. "Y yo te digo que Tú eres Pedro (que quiere decir piedra) y sobre esta piedra edificaré mi Iglesia, y las puertas del infierno no prevalecerán contra ella."

Al comienzo de nuestra era Jesucristo mandó a sus discípulos fundar una Iglesia de características universales, para que todos los seres sobre la faz de la Tierra puedan vivir como hermanos y en gracia de Dios. Ahora bien, imaginen ustedes, si el hombre común con un tanto de dinero consigue culminar exitosamente cualquier empresa, hermoseándola con toda suerte de atavíos, encantos y decoraciones lujosas ¿Cuánto más podrá hacer Dios por colmar de mercedes y beneficios su propia obra? Lo que queremos decir es que la misma debe estar dotada de los fenómenos sobrenaturales necesarios que definitivamente logren producir los cambios que Dios pretende. Igualmente debe tener a su cargo un magisterio perenne y presbíteros dotados con toda clase de poderes y libertades excepcionales, para que a su vez estos puedan ejecutar con la mayor justicia todo el proceso correctivo de transformación en el alma. Efectivamente y por eso es que creemos que la Iglesia de Cristo posee un carisma perenne, una gracia excepcional y activa. Además pensamos que su rito no proviene de teorías humanas, sino que nace de la fusión y del conjunto de normas reveladas, las cuales luego se establecieron dentro del dogma.

En resumen, concluiremos diciendo que a esta Iglesia, cuyo fundamento es el Evangelio y cuya su cabeza es Cristo, debe considerarse eternamente santa: porque santo es su fundador e igualmente santos son sus sacramentos y su doctrina, los cuales tienen el poder de hacer santos a todos los que le practican.

El sello del milagro de la Iglesia

I

Hechos de los apóstoles V, 38-39. "Porque si este designio o empresa, es cosa de hombres, ella misma se desvanecerá, pero si es cosa de Dios no podréis destruirla, y os expondríais a ir contra Dios."

La Iglesia Católica es la única que tiene todos los títulos de sucesión apostólica y caracteres necesarios que demuestran su divina institución. Solo ella posee el sello divino del milagro, porque Nuestro Señor Jesucristo fue su creador, en caso contrario ya habrían circulado otros nombres.

Su moral y fundamentos, los cuales se observan fielmente en las enseñanzas de Nuestro Señor, no son contrarios sino superiores a la razón, y a la vez, nos vuelve dignos y justos ante los ojos del Cielo. Además enseña al hombre el cumplimiento del deber para con Dios, el prójimo y uno mismo; conjuntamente exhorta a practicar la caridad, la abnegación y a refrenar la concupiscencia.

Solo la Santa Iglesia Apostólica de Roma, en cuya comunión estamos todos los fieles a su doctrina es propietaria del sello divino del milagro. Así es, porque de este modo lo dispuso quien probó con milagros su divinidad, al tiempo de resolver que su cimiento se fijara literalmente sobre Pedro, caído y sepultado en Roma. Haciendo incluso ostensibles sus más generosos anhelos al obrar desde el Cielo con infinidad de portentos a favor suyo y de su grey: ayudando a mantener la doctrina inalterable a pesar de los años, la oposición política y la diversidad de lenguas.

Convengamos que si su institución hubiera sido designio o cosa de hombres ya se habría desvanecido, no cabe duda de ello, y en efecto, habría salido también a la luz el nombre real de su fundador. Mas, semejante cosa nunca ocurrió, por lo tanto su creación solo puede ser providencia del Altísimo.

Las otras iglesias cristianas, excepto la ortodoxa, no solo no pueden citar siquiera milagro alguno a su favor, sino que además comenzaron a circular al menos quince siglos después de la Ascensión de Nuestro Señor a los cielos.

Afirmar que cualquiera de las sectas protestantes actuales es la verdadera Iglesia de Dios significaría presumir que la religión cristiana empezó a existir hace apenas unos cientos de años apenas. De hecho, los nombres de quienes fundaron estas iglesias fraudulentas se conocen perfectamente y en ese sentido no puede haber discusión. Como así tampoco puede haber duda en que Jesucristo antes de partir al Cielo dejó todo dispuesto en favor de sus protegidos y les dio solo a ellos instrucciones precisas sobre lo que era menester conocer.

Por lo tanto, si la Santa Iglesia Católica Apostólica de Roma es la única depositaria de las verdades reveladas directamente por Dios Padre a Jesús y de Jesús a los apóstoles ¿no debería ser esta la única entidad con autoridad legítima para enseñárnoslas? Seguro que sí. En fin, con la profusión de conceptos que acabamos de exponer seguramente todos coincidirán en que por más buena voluntad que se tenga es inútil intentar crear un sistema religioso similar sin la anuencia del Señor; e igualmente descabellado es intentar levantar un templo en casa, pues así como no hay religión sin ley, tampoco hay templo sin sacerdocio, ni credo sin plataforma. Es una falta común en la mayoría de las sectas modernas, presentar a un Dios parcializado en favor de uno u otro individuo, ilusionando al creyente con que la Divina Providencia, anida en el cuerpo de la persona. Y guiados por la sola frase de la Biblia: : "Invócame y te declararé grandes cosas que tu ignoras"[1] luego se imaginan que Dios les ha hablado, cuando Dios en verdad no les ha dicho jamás ninguna cosa. No es nueva tal estrategia departe de las sectas, ellos suelen resaltar de las Revelaciones, los capítulos que más les importa. Pero, el cristiano sincero, que examina bien las Escrituras sabe perfectamente como reprueba el Señor a aquellos "profetas" que osan predicar al pueblo por autoridad propia.[2]

Y es más, a estos les manifiesta explícitamente cual será su condena: "Ellos llevarán las penas de su iniquidad, y según sea el castigo de iniquidad del que consulte, así será el castigo del profeta que responda."[3]

Santa Iglesia Católica Apostólica de Roma.

I San Pedro V, 1-2. "Ruego a los ancianos que están entre vosotros, yo anciano como ellos...(por San Pedro) apacentad la grey de Dios que os esta confiando, velando sobre ella."

Decimos que la Iglesia de Cristo es santa, porque la creó Nuestro Señor, quien es santo, y la fundó precisamente para eso: para santificarnos. Además, que es católica (o universal) porque la hizo conscientemente para todos los hombres hasta el fin del mundo. También le llamamos apostólica y romana, porque confió su propagación y gobierno a los apóstoles y porque allí mismo, en Roma, hasta hoy, es donde tiene su residencia el vicario de Cristo y sucesor de San Pedro.

Pero sepan que Nuestra Iglesia no solo atiende las necesidades espirituales, también. como una madre, se mantiene al lado de las manifestaciones de su pueblo. Siempre estará bien dotada de las congregaciones necesarias para una mejor atención de la comunidad cristiana con la riqueza de fuentes y la dedicación que solo la Iglesia Católica ha sabido dar a lo largo del tiempo.[4]

Otra virtud de la misma, es que a pesar del gran tamaño de su cuerpo, mantiene congruente uniformidad, sin contradicción ni diferencias en sus ritos y creencias. Esto quiere decir: que todos los fieles hallarán la misma doctrina, así sea que asistan a una

---

1 Jeremías XXXIII, 3.

2 Esequiel XIV, 9. "Y en cuanto cayere el profeta en error y hablare, Yo, el Señor, he dejado que se engañe aquel profeta, mas Yo descargaré mi mano sobre él."

3 Esequiel XIV, 10.

4 Por ejemplo las franciscanas, dominicas y jesuitas son órdenes mendigantes que con su fervor avivaron la fe, y potenciaron las virtudes de Nuestra Iglesia, con ejemplares hombres que abrazándose a la humanidad propagaron la doctrina cristiana a su mayor escala, dando su ejemplo de caridad sin límites. Los carmelitas y los servitas fueron creados para venerar especialmente a la Virgen (sin descuidar jamás el culto a su amado Hijo) los trinitarios y mercedarios para redimir cristianos cautivos. Los antonianos y lazaristas, para atender a los enfermos etc.

iglesia de Norteamérica, como al templo o capilla de su barrio en Colombia, Argentina y México.

Ahora bien: si su asistencia ha venido en romántico peregrinar de la mano con nuestros padres, y su tradición ha sido siempre garantía de fe para nuestros piadosos deudos ¿quien tiene derecho ahora de ir en contra de ello?

Consabido es también, que iglesias católicas se vienen levantando desde el comienzo del cristianismo (especialmente después de la conversión total del imperio romano). En cambio no superan generalmente los cien o doscientos años las derivadas del protestantismo, que parecieran abrir, cerrar y mutar como si fueran un comercio.

Nuestra Iglesia afirma y demuestra su continuidad histórica desde los días de los apóstoles con grandes personalidades que a fuerza de austeridad merecieron beato reconocimiento ¿Qué confesores protestantes se podrían comparar con los nuestros? ¿Qué misionero o pastor de las distintas congregaciones evangélicas, sobrepasa la altura de los tobillos de Francisco de Asís, Juan Pablo II, Teresa de Calcuta, Eusebio Kino, Marcelino Champagnat y Monseñor Romero...?

Sabemos lo difícil que es para cualquier teólogo protestante moderno, explicarle a su comunidad las causas de la separación, teniendo como única referencia el criterio interesado y reformista de Lutero.

Recordemos que este orador Alemán, pasó de inmediato a liderar un cuerpo sectario, encendiendo a las masas y arremetiendo contra el Papa León X (reconocido mecenas de las artes del renacimiento). Más complicado todavía, le sería justificar los delirios

[5]El rey Enrique VIII, sin oposición alguna, llegó a autoproclamarse jefe de la Iglesia de Inglaterra. Calvino, prácticamente como sentencia dictatorial, alude que aquel que se anime a desafiar la legitimidad de sus interpretaciones de la Biblia (reveladas a él por el Espíritu de Dios) será arrastrado al suplicio, e incita al magistrado para que aquellos renegados sean pasados por la espada.

de Calvino o los caprichos de Enrique VIII, quienes impusieron sus ideas personales a sangre y fuego.[5]

Hoy, el creyente, solo puede contemplar con lástima la partida de aquellos hermanos cristianos, que se precipitan a las distintas sectas con el mismo ahínco que cochinos en el cieno.

Dejar la Iglesia Católica para unirse en discordia, no solo es un error, sino también es un pecado. Esto, haciendo una comparación en el terreno mundano sería más o menos como dejar de ser simpatizante del Real Madrid o del Boca Junior, para desde hora en adelante volverse un hincha de Saca Chispas Club, o dejar una Ferrari por un Volkswagen, así de grotesco. Abandonar la Iglesia Madre, la Iglesia de los ancestros, disertando de su política, por no soportar las debilidades de sus vecinos (que mismo dentro de la Iglesia Católica no logran dejar la iniquidad) es pagar un alto precio. Si dentro de La Iglesia tenemos quienes hacen de ella un mal uso ¡Allá ellos![6]

Para el buen cristiano, los problemas mundanos en el interior de la Iglesia le son ajenos, pues no ha de reparar en los defectos humanos que todo el mundo tiene. En cambio está preparado su criterio según los Evangelios.

Por supuesto que como en toda gran institución, también la Iglesia tendrá sus problemas burocráticos, los cuales se podrán corregir o no, pero debemos entender que siempre a la medida de la calidad del personal que le atiende, serán sus defectos. Por lo tanto, ¡tengan paciencia! Y como dice el apóstol Pablo: "Soportaos recíprocamente, así como Cristo os ha soportado a vosotros, para la gloria del Cielo."[7]

---

[6] Jesús (en San Mateo XXIII, 1-3.) exhorta a los judíos que tomen los signos visibles y las enseñanzas morales de los intérpretes de la ley, sin fijarse ni imitar su conducta personal.

[7] Romanos XV, 7.

La Iglesia tiene mayor autoridad que la Biblia.

San Mateo XVI, 19 "A ti te daré las llaves del Reino de los Cielos, y quedará atado o desatado en el Cielo, lo que tú atares o desatares sobre la tierra."

Nuestra Iglesia existió previamente a los Evangelios ¿O ustedes quién creen que decidió la cuestión a la hora de decidir si era necesario dejar de observar la ley de Moisés?[8] Fue la Iglesia, al mando de los padres y ancianos – siempre presididos por San Pedro –. Rezábase " El Padre Nuestro", antes que lo escribiera San Mateo.

San Pablo, aunque no conoció personalmente al redentor, y la Biblia no existía cuando predicaba a los ancianos de Éfeso, igual recalcaba las irrefutables palabras del Señor: "Hay más dicha en dar que en recibir"[9] Por ello creemos, que solo por sucesión pudo haber llegado a él, la enseñanza de su magisterio.

Ahora bien, si la Biblia no era para los primeros cristianos la única regla de fe ¿Cómo lo ha de ser para los cristianos de nuestro tiempo? Aparte ¿por qué hablan de los católicos, como si nosotros no nos rigiéramos por la Biblia? ¿Acaso no fue Nuestra Iglesia la que les ha suministrado el Nuevo Testamento? ¿Por qué atienden los temas de religión, del mismo modo que sus sucios negocios políticos? La respuesta es: porque se sienten opositores ecuménicos, con derecho de aspiración a una candidatura en el gobierno.

Pero esta religión cristiana, que detesta aún la sombra de arro-

[8]Hechos de los Apóstoles XV, 6.

[9]Hechos de los Apóstoles XX, 35.

gancia y de hipocresía, es la que les margina de cualquier potestad universal, pues su dirección espiritual sobre la masa de fieles, significaría definitivamente la devastación del credo.

Y si, las enseñanzas de Nuestro Señor Jesucristo son preciosas, escuchar la interpretación siempre amorosa y dedicada de Nuestra Iglesia es aun mejor, pues ¿qué sería de los pasatiempos de Nuestro Señor si fueran interpretados por gente fría como Lutero u odiosa como Calvino? ¿A quién le harían provecho?

Si los protestantes fueran realmente seguidores de Cristo, entonces harían lo que enseña Él y su Iglesia. Ellos vituperan la imagen de María, y de los Santos Apóstoles, y Jesús jamás haría eso.

Su mentalidad humanista, científica y materialista, desgrana a un hombre forzosamente sometido a la Biblia, pero sin alma ni personalidad, sin historia, ni fundamentos. Y si no, pregúntenle a un protestante ¿Por qué su congregación no santifica el día Sábado? Siendo que en la Biblia así está dispuesto.[10]

Los protestantes que se rigen solo por la Biblia, no admitiendo la autoridad tradicional de la Iglesia, no pueden explicar porque los cristianos separados santifican el Domingo y no el día séptimo.

Nuestra Iglesia, decidió consagrar el culto divino, el primer día de la semana, al que llamaron día del Señor (dies Dominica o Domingo) mientras todavía estaba al frente de ella San Pedro. Esta promulgación pontificia (si acaso no fue alentada en privado por Jesús) tiene que haber sido pensada para diferenciarse de esos judíos que les causaron a los primeros cristianos, tantas penas y sufrimientos.

---

[10]Éxodo XX, 8.

La tradición es fuente segura.

San Mateo XXIII, 3. "Practicad pues, y haced todo lo que os dijeren, pero no arregléis vuestra conducta por la suya, porque ellos dicen lo que se debe hacer y no lo hacen."

Si vas a confrontar en plática a algún evangelista latinoamericano, es recomendable primero, abordar las Sagradas Escrituras, estudiando el número de versículo y el capítulo entero. Pues suelen ser muy necios y te asaltarán diciendo: ¿en qué parte de la Biblia dice esto y dónde aquello?

Pareciera que nuestros primos protestones, leen diariamente la Biblia, pero evidentemente sólo le sujetan por presunción, para luego poder jactarse de ello. Cuando en realidad, apenas pasan ojo por encima, con el propósito de resaltar y memorizar todo aquello que atiende a su provecho. Siendo así, el engaño su estrategia de búsqueda, y la falta de sentido común su mayor yerro.

Su escepticismo, es un calco a la terquedad posesa en escribas y phariseos,[11] pues si bien, estos también supieron seguir con ahínco La Palabra Revelada y como intérpretes oficiales de la ley semita, igualmente se jactaron siempre de examinar muy escrupulosamente las escrituras; en la hora, no supieron entender el anuncio del Mesías encarnado a forma de Verbo.

Recordemos, que su fanatismo escandaloso, su áspera rectitud, superficial y carente por completo de caridad, también les valió el desagrado de Dios, terminando por ser éstos los responsables de aquella lamentable conspiración que llevó al martirio del Cristo Nazareno.

Hoy, quienes estudian rigurosamente la Biblia, sin guía autori-

---

[11] Pharas, (voz hebrea que significa separar).

zada, necesitarán al menos una entidad superior o alguna fuente tradicional para dilucidar sus misterios, o se encontrarán ante el dilema de no saber, cuáles, de las palabras de Jesús, deben tomarse como metáforas y cuales son un mandamiento.
Quienes sigan y lean a Jesús, saben que Él nunca fue en contra de la antigua ley, ni de la tradición hebraica, y que no vino, sino a darle a ésta un preciso cumplimiento.[12] Sus instrucciones se transmitieron oralmente de Apóstol en Apóstol, hasta que se constituyó siglos después el Nuevo Testamento. Sin dicha comunicación entre los fieles, nunca hubieran llegado las Palabras de Jesús a San Pablo, o a otros discípulos que personalmente jamás le vieron. Muchas de sus exhortaciones a viva voz, no se describieron puntualmente en ningún manuscrito, pues formaron parte del rito diario de los fieles, siendo como el pan de cada día en las prácticas y en las costumbres cristianas, por eso tampoco se perdieron. O acaso ¿no es harto reconocido que Jesús, después de la Resurrección, apareció a sus discípulos y les habló por cuarenta días del Reino de los Cielos? [13] Entonces, solo queda preguntar a aquellos cristianos que desprecian esta herencia de los santos, rehuyendo así a una importante base del cristianismo ¿en qué libro de la Biblia se relata lo que les reveló durante todo ese tiempo?
Sin la ayuda de la tradición, su dogma queda mutilado, fragmentado e incompleto ¡Y cuán graciosos se ven al intentar convencernos, de que es inútil dicho legado discipular! Pues es más o menos: como que un pobre, flaco y harapiento, quiera hacerle creer a otro hombre rico, que de nada sirve su dinero. Ellos nada tienen de historia, ni de personalidad ¡por eso nada tienen que perder! Mas, pretenden arrastrarnos a nosotros también, por ese precipicio de inseguridad que están viviendo ¡Sí protestones! ¡Buen intento!

---

[12] San Mateo V, 17. "No penséis que yo he venido a destruir la Ley...No he venido a destruirla sino a darle cumplimiento."

[13] Hechos de los Apóstoles I, 3.

Garantía a tu fe

Romanos XVI, 17. "Y os ruego hermanos que os recatéis de aquellos que causan entre vosotros disensiones y escándalos, contra la doctrina que vosotros habéis aprendido."

Hay que adentrarse en la Iglesia, aunque sea un poco, para entenderla. Hay que quererla tal como es, pues: ¡Imaginen si la Iglesia tuviera que ceder a sus ritos, para consentir el capricho y el gusto de cada persona! Antes de juzgarla, hay que estudiar y entender las tristes razones que provocaron disensiones dentro de la fraternidad cristiana a lo largo de la historia. Si acaso hubiera sido por diferencias teologales ¿ustedes creen que el origen de la ruptura podría limitarse exclusivamente a una fracción regional de la comunidad germana, escandinava y anglosajona? ¿Acaso siglos antes de la agitación reformista, no había sido también un factor cultural el que desencadenaba la separación de la Iglesia Ortodoxa?

Es obvio, que ningún protestante puede tener como profecías las ideas de Lutero, ni de elevadas sus conjeturas teológicas.

Está claro que aquel berrinche, no fue más que un ataque de desobediencia a la jerarquía eclesiástica, pues así lo manifiesta su alienada tesis, desafiando a la autoridad y básicamente repudiando a las indulgencias recientemente otorgadas por Roma.[14]

(Siendo éstas, no más que una orden formal de redención de las penitencias, que se extendieron con motivo de las cruzadas, sirviéndose de ellas los papas, para motivar la realización de buenas obras).

---

[14]Todo comenzó en 1517, con una indulgencia concedida por el Papa León X al arzobispo de Maguncia. Al parecer, sí había abusos en la concesión de estas indulgencias, por lo que Lutero en sus tesis, aprovechó para atraer la atención de toda Alemania, con sus nuevas teorías teológicas. Las que encontraron inmediatamente entusiasta acogida especialmente de parte de los círculos humanísticos y de los personalistas e intelectuales opuestos a la Iglesia.

Como ya dijimos, hay que amar a la Iglesia, y no tomar a la ligera sus sabias decisiones, supremamente justas y moralizadoras. Quienes se apartan de Ella, se escudan únicamente en La Palabra, concediéndole un beneficio espiritual superior al del culto sacramental (celebrado ininterrumpidamente por tradición católica). Y aunque pretendan estar esclarecidos por medio del Evangelio, siguen los procesos prácticos de las corrientes dialécticas, creadas de la especulación empírica, y finalmente La Palabra no surte ningún efecto, pues no penetra en sus estériles corazones, los cuales se han vuelto tan duros como la roca.

Ya no creen en ceremonias. Ellos insisten en que Jesús hizo todo el sacrificio por nosotros. Más, entonces cabría preguntarles a esos protestantes: si Jesús ya hizo todo ¿de qué vale cualquier congregación religiosa? ¿Para qué sirven sus espectáculos en salones y estadios abarrotados de cristianos? ¿Es solo con intención recaudadora? ¡Si atendieran lo que dice la Iglesia, siempre prudente con las cosas de Dios, y dejaran sus paranoias!

Ella jamás otorga a las causas humanas reconocimiento alguno, sin antes someterlas a un estudio preciso, pero quienes gustan de entrar en disputa, reprochan a nuestra grey la alabanza de amor sincero hacia la Virgen María, y a los Santos Apóstoles, pues aunque sí valoran la autoridad de sus palabras, no así, la de sus personas.

Por influencia del sabelianismo, su doctrina no les permite ver a Dios, en los Apóstoles como una misma cosa.[15] E igual que los judíos (quienes subestimaron a la Personalidad encarnada en Jesús) hoy intentan destituirles de sus santidades, profanando su

[15] Por aquello que San Pablo dice en la primera epístola de los Corintios XII, 12. "Porque así como el cuerpo es uno, y tiene muchos miembros, pero todos los miembros del cuerpo siendo muchos, son uno solo cuerpo, así también Cristo." Para quien tenga a La Palabra de la Biblia, como Palabra de Dios, los Apóstoles son definitivamente su boca.

posición co-redentora. Más nadie puede negar que Dios necesitó de ellos. Ellos fueron su Palabra, el miembro de su boca.

La Divina Providencia encarnó en ellos y se valió de cada uno, como un músico se vale del instrumento que toca.

II

Jesús vino y triunfó.

San Mateo XXVIII, 19-20. "Id e instruid en todas las naciones, bautizándolas en el nombre del Padre, del Hijo y del Espíritu Santo. Enseñando a observar todas las cosas que yo os he mandado, y estad ciertos que yo estaré con vosotros hasta la consumación de los siglos."

Si verdaderamente marchitó la semilla de aquel árbol, que con tanto amor sembró Jesús en la tierra, a pesar de comprometerse a asistirlo hasta el final de los tiempos, entonces Jesús miente.

Otro absurdo es creer que el cristianismo no haya entendido la doctrina, teniendo que esperar 1500 años, para que al fin el Espíritu de Gracia (poseso en unos pobres desquiciados) la re-enseñe.

Si la única Iglesia con sucesión apostólica se corrompió, a tal punto que fue necesario huir de ella, a ponerse salvo en una Iglesia renovada con procesos prácticos. Quienes se basan solo en la Biblia: ¡por favor explíquense! ¿En qué parte del Evangelio dice que eso pasaría? Si no está en las Revelaciones, entonces sus deseos de independencia son puro capricho, traición ilegal, un arrebato precipitado e imprudente.

Este parece ser el porqué, en su aspiración de independencia, los separados hasta ahora no dejan de ser mas que congregaciones versátiles y estériles.

Si ellos, tuvieran la anuencia del Espíritu Santo: ¿Por qué sigue siendo un problema irresuelto la unificación de esta inmensa medusa con infinidad de doctrinas y cabezas? (a pesar de la clara base cristiana que tienen). Tampoco el orgullo y la euforia les ayudaría a responder: ¿Como saben los protestantes que la Biblia es Palabra de Dios? Acaso tendrían que admitir que es debido que se los asegura la Iglesia que vituperan, o por la autoridad de aquella tradición que desprecian. Sea lo que fuese, ya están afuera, y para llegar al Señor, cada uno puede tomar el camino que quiera. ¡Aunque claro! Siempre estarán alejados de su sabio consentimiento ¡Pero aún tienen observancia en las escrituras bíblicas! ¡Sí! Y mal las entienden.

Porque ¡Oh! ¿Qué habrá querido decir Nuestro Señor, según San Lucas XVII, 1? (augurando la malicia entre los hombres): "Imposible es que no se vengan escándalos, mas, ¡ay de aquel por quienes vienen!"

Errar y porfiar.

II San Pedro I, 20-21 "Ninguna profecía de la Escritura se declara por interpretación privada, ya que ninguna escritura proviene de ninguna división humana, sino que los hombres de Dios, movidos por el Espíritu Santo dieron su mensaje."

¡Los protestantes viven errando! Intentar interpretar las Escrituras en casa es descabellado. Así pues, como decidir tomar un medicamento según nuestro propio capricho o según las indicaciones del vecino de al lado.

La persona prudente que no quiere hacerse más daño, primero lee las prescripciones de la etiqueta, y sigue solo aquellos preceptos indicados por la autoridad o casa matriz que lo ha creado.

Los porfiados de siempre, en su ignorancia, creen que la autoridad eclesiástica se encarga de inventar o decretar normas. No saben que Ella fue quien se encargó de recuperar al pie de la letra todo el depósito contenido en las escrituras reveladas[16] ¿o de qué forma entonces la Biblia ha llegado a tan impías y desagradecidas manos?

---

[16] En el año de 382, el Papa San Dámaso I, formó el canon o catálogo de los Libros Sagrados y declaró cuales libros deberían ser considerados como inspirados y cuales como apócrifos.

Ellos aunque creen conocer su meta, naufragan sin rumbo fijo, como marino sin brújula, y así vivirán con la duda, de si realmente van en la dirección correcta, o si se están desviando. Imitarles, sería casi un suicidio, como seguir un barco que aparenta ser lujoso y de último modelo, pero que no cuenta con una carta náutica ni a un capitán autorizado. Los católicos podemos estar seguros que nuestra guía es marca registrada, con el sello y garantía de Cristo, pues Él mismo la ha instituido, Él es el mariscal a cargo.

Felizmente, a nuestro generoso pueblo, en el ámbito religioso y gracias a la Iglesia Católica, no le entra en su mente la duda perturbadora de aquella gente separada, quienes andan sin más guía que su juicio privado. Por su puesto, quienes no son sinceros, y no sienten el verdadero anhelo de hallar en la fe algo profundo, tampoco se sienten martirizados, y eso es efectivamente lo que pasa hoy con la mayoría de los pastores latinos, los cuales, interesados solo del lucro, suelen transformar los servicios divinos en parodia, sus reuniones en clubes sociales y el rito en mero espectáculo.

Dios a semejanza humana.

Hechos de los Apóstoles XX, 30. "Y entre vosotros mismos se levantarán hombres que sembrarán doctrinas perversas con el fin de atraerse a sí discípulos."

La auténtica Palabra revelada no puede confundirse con la humana, ni puede ser interpretada por cualquiera, sino ésta puede resultar solo en beneficio del predicador. Por ejemplo, el rey Jacobo I, recordaba frecuentemente capítulos enteros del Antiguo Testamento, para probar que un rey, recibe la autoridad absoluta de parte de Dios. No olvidemos que el mismo Bin Laden creía hacer la voluntad del Señor. Y fíjense que hasta un mendigo ambulante (de esos que suelen subirse a los ómnibus) sabiendo utilizar con agilidad las palabras, también puede enredarnos fácilmente y prácticamente obligarnos a darle algo en caridad, trayendo solamente a colación piadosas exhortaciones del Nuevo Testamento, en donde Jesucristo reaviva en sus oyentes la virtud de la compasión.

Así se demuestra que uno, no puede estudiar las escrituras y dar una interpretación personal de acuerdo a su propio razonamiento o de acuerdo a lo que diga el pastor. Pareciera ser ésta, una idea hasta mal intencionada, promueve la confusión.

¿Porqué no recomendar mejor, que se busque ayuda con la autoridad indicada, la cual ya tiene ese conocimiento en su posesión?

Es una idea caótica que no es recomendable seguir, pues es mil veces mejor tener en cuenta el estudio de maestros como: San Agustín, San Basilio, San Cirilo, San Gregorio, y todos aquellos quienes con santa dedicación han consagrado sus vidas a dicha labor.

Se engaña quien determine accesible a la razón la complejidad de las Escrituras, o quien intente entender por vía experimental a la Personalidad de Dios. Del mismo modo por medio del conocimiento empírico o metódico, sin que sea revelado proféticamente, nadie puede manufacturar una religión. O al menos, ¡así fue siempre! Hasta que llegó el Doctor Lutero y Compañía, para brindarnos la creación de sus nuevos principios religiosos, fiel resultado de su especulación mental, y siempre bien acogidos, claro está, por el ferviente espíritu de rapiña de algunos líderes contemporáneos, que acogieron con gusto la nueva doctrina para beneficio propio y en perjuicio de toda su nación.

Estimado lector, el catolicismo no deja pendiente, ni en el aire ninguno de los puntos espirituales que al hombre conciernen, por lo tanto, ante cualquier inquietud se recomienda acudir a una iglesia católica, en vez de someterse al experimento de las sectas, las cuales solo le traerán mayor confusión.

La fe de nuestros deudos.

San Juan XIV, 16. "Yo os pediré al Padre y Él os dará otro Consolador para que permanezca con vosotros eternamente."

En Jesucristo está presente la esencia de Dios, y la esencia del hombre. Así mismo en su Iglesia, donde interactúa lo divino con lo humano. Porque fue constituida por su Cuerpo privilegiado, pero es mantenida por la Gracia del Espíritu Santo.

Entonces ¿Quién puede concebir a un Cristo fragmentado? Si el espíritu cristiano ha decaído al punto de que sus mentes arbitrarias deducen: "La integración universal de la Iglesia se refleja en la unidad espiritual de todos los creyentes en Jesucristo, sin necesidad de que una base visible nos una, sin que sea imprescindible disponer de la autoridad del prelado." Más esto nos suena a: ¡No nos unimos porque no estamos interesados!

Pues, a saber, es una actitud contradictoria ¿no lo creen?

Ver en Cristo una unidad espiritual, mientras que terrenalmente se alienta a la disgregación por problemas mundanos.

Y así siguen en sus especulaciones mentales creyendo: "Jesucristo ya hizo todo para que nosotros (en la senda espiritual) estemos justificados." Ellos no quieren acercarse, les damos alergia los católicos, pero en verdad lo que tienen es miedo, saben que la ferviente devoción de nuestro pueblo, solo pondrá en evidencia las propias faltas (las cuales arrastran desde que la arrogancia de sus padres nos separaron).

Todo gringo que llega a los países latinos, admira la alegría, la pasión y caridad de los fieles, pero no se ven ellos mismos recibiendo por manos del sacerdote la Hostia, llenos de contrición y arrodillados. ¡Uh, no! ¡Qué humillación! Eso sería insensato.

Porque es vergonzoso ceder un palmo ante la institución monástica que los apóstoles han creado, más placentero es adorar la moneda corriente del príncipe soberano; más conviene crear guerras y seguir colonizando.

Hablemos en cristiano.

San Lucas X, 16 "El que a vosotros escucha a mi me escucha, el que a vosotros desprecia, a mi me desprecia."

Por decisión de Dios Altísimo, la Iglesia con sucesión apostólica seguirá siendo santa, y sus enemigos tendrán que cambiar más de un versículo del Nuevo Testamento, si quisieren dar justo crédito de su desobediencia. O deberán revelar al mundo, de una vez por todas ¿En qué momento de la historia se interrumpe la sucesión discipular de Nuestra Iglesia? Si no hay un rompimiento de la cadena discipular o jerárquica, desde Pedro hasta nuestros días, aquellos detractores que se autodenominan cristianos y dicen leer la Biblia ¿Por qué la desprecian?

Con esto no intentamos suponer que todos los fieles o seguidores católicos sean ejemplo de caridad perfecta. Tampoco que la totalidad de sus ministros contengan los dones de castidad, lealtad y obediencia. Pues, de iniquidad, ninguna congregación está completamente limpia ni exenta. Mas, eso no denigra a la Institución como tal ¡No debería! No podría de ninguna manera.

Tal cosa sería afirmar, del mismo modo, que el propio apostolado no fue santo, porque hubo entre sus filas un Judas, corrompiendo la esencia de la misión evangélica.

No recae sobre los apóstoles, ni sobre Jesús y toda su Institución, la culpa de las faltas de los católicos que desaprovechan los medios de satisfacción que les proporciona su Iglesia. Si vemos como burdo ejemplo, a un simple oficial de policía, notamos también que nadie podrá garantizar la honestidad de su labor en horas de trabajo, pero tampoco se le falta el respeto al uniformado, porque se teme al organismo al que representa.[17]

---

[17]Es consabido que la policía en California, para los años 30's estaba totalmente corrupta, vale recordar los crímenes de Wineville (también conocidos como asesinatos del galli-

Comprendan, que la rivalidad entre hermanos cristianos y cualquier difamación derivada de las sectas, (que hasta hoy no han hallado unificación siquiera entre ellas) no procede de inspiración celestial, sino que es humana deficiencia. Y ni si quiera los Apóstoles estuvieron exentos por completo de esta debilidad, también hubo confrontaciones entre ellos a la hora de la Cena, disputándose los sitios de privilegio en la mesa, hecho que Jesús, por supuesto observó con tristeza.

Hoy, todos saben quién es el Padre y la Madre de Dios, el nombre del apóstol primado, a quien Cristo colocó como piedra y cabeza. Podrán pelearse los puestos, los segundos y terceros, pero todos saben, aunque no lo quieran reconocer, cuál es el nombre de su Iglesia.

Todo esto es una burla.

I Corinthios I, 10. "Mas os ruego encarecidamente hermanos míos, por el nombre de Nuestro Señor Jesucristo: Que todos tengáis un mismo lenguaje y que no halla entre vosotros cismas, antes bien viváis perfectamente unidos en un mismo pensar y en un mismo sentir."

Vale recordar que la Reforma religiosa, aunque aparente derivar de un órgano bienhechor, resistiendo la corrupción, por el contrario, fue una disposición impuesta. ¡No hay que confundir!

No nació del pueblo, ni siquiera a pedido de éste, y en cambio fomentó la discordia, el vicio y la rebeldía en contra de la más respetada Institución, (en lo que a religión respecta). Su siniestra imposición parece una burla ¿Qué otra cosa sino?

---

nero de Wineville). Escandaloso caso que destapó una gran trama de corrupción en del departamento de Policía de Los Ángeles. Mas en aquel país, jamás nadie pensó en derogar a toda la Institución por ello, y a pesar de que hoy no es la joya nacional, tampoco merece repudio por lo hecho en el pasado, sino que se le respeta por la importancia de la institución que representa.

Una burla a los Santos de la Iglesia: Pues en una gesta mezquina, derogó tanto tradición, como antiguas leyes morales del cristianismo, resaltando luego fundamentos implantados por hombres poco acéticos, como Lutero o Enrique VIII, quienes caprichosamente, en un ataque de ego, declararon estar a la par de la autoridad de la Iglesia, para decidir: cuales de nuestras creencias debían ser modificadas, y cuáles no.

Una burla a los Santos Apóstoles: Quienes consagraron el éxito de sus campañas meramente a Dios, heredándonos todo el beneficio de su fruto, augurado de antemano por el Señor. Pues si es realmente como los protestantes pregonan y el Espíritu Santo tiene la misión de darle al creyente el don de entendimiento en todo lo que respecta al Reino de Dios ¿Entonces qué rol cumplen los Apóstoles en el acto de Redención?

Una burla a la santísima Virgen: Que le vuelve en su conspiración: débil, frágil, vulnerable ante la serpiente satánica, la que en realidad (si atendieran sabiamente la Escritura) verían que es ésta, la que va a sucumbir a sus pies. Según los protestantes la Virgen está muerta, y Satanás, ¡Claro que está vivo! Y sí, en verdad está vivo, pero en cada uno de sus propios prejuicios, en su arrogancia, en su espíritu farisaico y divisionista, o ¿en donde sino?

Una burla a la propia Iglesia: Puesto que, si solo por la fe el hombre se salva, (como promueven los protestones, desacreditando la gracia en los sacramentos, el mérito a la contemplación de las imágenes de los santos, la abstinencia, el respeto y la caridad) ninguna sociedad religiosa tiene razón de permanecer, ni tampoco ninguna Iglesia y es en vano realizar cualquier ceremonia o seguir con la tradición.

Y especialmente, una burla al Hijo de Dios: Quien se sacrificó en balde, pues, según los protestones: Nuestra salvación depende y tiene solo como requisito creer en Dios.

¡Qué Nuestro Señor guíe por un buen camino a los ingratos protestantes y les alivie de tan recia ceguera! Para que revaloren aquella constitución burlona y conspiradora de los tiempos de Reforma, la cual solo ha promovido, confusión, anarquismo e irreligión.

III
Fe ciega.

Santiago II, 26. "Como el cuerpo sin espíritu está muerto, así también la fe sin obras está muerta."

Ellos alegan que solo por medio de la fe se salvarán. Y en eso tienen parte de verdad. La fe es muy importante en lo relacionado con el mundo material, pero no es suficiente para alcanzar ventaja sobrenatural. Si alguien nos preguntara, en medio de una empresa imposible ¿Cómo piensas salir de esta? La respuesta en un hombre o mujer fiel sería: ¡La fe me salvará!

Y es verdad, pues más allá de que salga ileso o no del asunto, siempre le queda al cristiano sincero, una humilde esperanza que le ayudará a levantar. Pero ¿no es egoísmo el acordarse de Dios, solamente cuando uno se ve oprimido por la adversidad? La fe le sirve como bastón de apoyo al cristiano, y para que no únicamente haya solicitud interesada en medio de las necesidades, es muy auspicioso ratificar nuestra creencia por medio de las acciones, siempre sazonadas de cortesía, alegre agradecimiento y humilde penitencia (por entender muy bien esto, la comunidad católica de América, suma a su raudal de virtudes y defectos, el don contraído de la caridad). En conclusión, la fe sí nos salva en medio de una emergencia, pero Dios encarnado instituyó su Iglesia y nos confirió ciertos Sacramentos para que a lo largo de la vida la podamos confirmar. Ésta, para que no flaquee, debe intensificarse con la asociación correcta, y complementase con las cualidades típicas del devoto, que son: devoción, constancia, honradez y lealtad.

Quizá un misionero evangélico puro, quien tiene una conciencia de Dios permanentemente, no necesita cotidianamente ratificar estas virtudes (las que en la austeridad de su vida necesariamente sacrifica), pero quien vive solamente beneficiándose del lucro de su trabajo, debe dedicar parte del día a purificarse por medio de los Sacramentos prescritos por la ley de la Iglesia Apostólica Universal ¡Disculpen, pero la fe no es todo! No basta con decir que se tiene fe, ni de nada sirve leer las Escrituras Reveladas, si luego las interpretan mal.

Virtud sobrenatural de la Iglesia.

Hechos de Los Apóstoles XIII, 2. "Mientras estaban un día ejercitando las funciones de su ministerio delante del Señor."

Quienes gozan con entrar en polémica, discuten por la cantidad de sacramentos, negando que sean siete, pues alegan que sólo dos (el Bautismo y la Eucaristía o Cena) se exponen en las escrituras en forma puntual. Sin embargo, los protestantes, en este caso, no han podido probar hasta la fecha que ningún sacramento se haya instituido por un decreto pontificio o por disposición conciliar, y nadie puede negar (a no ser que se tenga algún complejo) que éstos han cumplido siempre auspiciosa función a nivel social.

Ellos acusan por el silencio de los escritores antiguos sobre el número septenario, pues alegan que hasta el siglo XII no se encuentra a autor alguno mencionando dicho número. Y esto es verdad.

Pero de aquí, nada pueden concluir los protestantes en contra la doctrina católica, pues, si no enumeran los siete, tampoco declaran dos, ni tres. Simplemente por ser estas prácticas (y otras ya en desuso) tan cotidianas y antiguas dentro del rito de la propia Iglesia, que no había hasta entonces autoridad que se animara a eliminarlas u otorgarles un reconocimiento sacramental.

Más bien, los Sacramentos fueron a su tiempo debidamente ordenados y enumerados dentro de la literatura teológica (aunque claro, ya existían). Y hasta el siglo XVI, que apareció el temerario doctor agustino, todo el mundo cristiano apaciblemente le ejercía con regularidad y sin protestar. La duda y confusión que ha esparcido el enemigo de Cristo por el mundo cristiano, no tiene cabida en el universo del catolicismo, que claramente entiende: Los Sacramentos han sido siempre siete, por legado de tradición oral. Y en efecto así lo reconocen y enumeran aquellas Iglesias de Oriente, que ya desde el siglo V vivieron separadas de Roma y su autoridad, por eso (como siempre) Nuestra Iglesia tiene una razón congruente para mantenerlos y defenderlos serenamente, pero con seguridad.

Y para aquel que trace un paralelo entre el mundo material y espiritual, notará que en la fe, es necesario que el individuo primero nazca (Bautismo); crezca fortalecido (Confirmación); que se nutra (Eucaristía); que se cure de cualquier enfermedad posible (Penitencia); que se conozca y reconozca sus faltas en forma social (Confesión); que no ande solo y a la deriva (Matrimonio); y que de todas las enfermedades acumuladas no quede el más mínimo residuo a la hora de la muerte (Extremaunción). Por otra parte, para llevar a cabo esta bendición, es necesario que haya una autoridad competente, una Institución.

Un misterio recóndito: La Eucaristía.

San Juan III, 5. "Nadie, sino renace del agua, y del Espíritu Santo, puede entrar en El Reino de Dios."

Revivimos en la Sagrada Eucaristía, con la Hostia y el Vino, la memoria del fiel apostolado. Simbolizando en el sacrificio incruento, el padecimiento de Cristo y su presencia eterna entre los fieles, a quienes Jesús les prometió estar siempre a su lado.

Nuestro respetuoso pueblo, que es inmensamente afortunado, (siempre inspirado en las palabras del Señor aquella misma noche que fue entregado)[18] disfruta formando parte de la Eucaristía tradicional, la cual es el conducto principal por donde la Gracia Divina se distribuye asequiblemente a todo cristiano.

Por su parte, la Iglesia Católica enseña, que en el Santísimo Sacramento de la Eucaristía, está presente en cuerpo y alma Nuestro Señor, por la gracia del Espíritu Santo. De ahí que en todas las iglesias apostólicas, los fieles se gozan con este ritual cotidiano.

Dicho sacrificio incesantemente se lleva a cabo alrededor del mundo, en acción de gracias y sin derramar otra sangre, que aquella inmolada a modo místico en el altar. De modo similar lo ofreció también el pueblo hebreo en tiempos de antaño -Éxodo XXIX- cuando dos veces a diario, por la tarde y la mañana, un cordero era ofrendado. Con la llegada de Nuestro Señor Jesucristo, este ritual ya no fue necesario llevarse a cabo, pues, como se dice en cada misa: Jesús es el cordero "que quita del mundo el pecado". (San Juan I, 29)

Así mismo lo comprendieron los primeros cristianos que siguieron practicándolo, sin distanciarse de las enseñanzas de los Apóstoles y en cada una de sus reuniones oficiaron Misa, hallando sosiego en la oración y solemnizando especialmente la "fracción del Pan". (Nombre con el que entonces este ritual era designado, aludiendo al obrar de Jesús en momentos de instaurarlo).

¡Mamá, mamá! El protestante no se quiere bañar.

Hechos de Los Apóstoles XI.16. "Entonces me acordé de lo que decía el Señor: Juan a la verdad, ha bautizado con agua, mas vosotros seréis bautizados con El Espíritu Santo."

Si no conociéramos la profunda ofuscación que ejercen las sectas sobre la mente del individuo, no comprenderíamos ¿Cómo, el

---

[18] San Mateo XXVI, 26. 27. "...Tomad y comed, este es mi cuerpo, el cual se da por vosotros"; Y es que el Señor Jesús, la misma noche que fue traidoramente entregado, tomó el pan y dando gracias, le partió y dijo: "Tomad y comed, este es mi Cuerpo, el cual se da por vosotros, haced esto en memoria de Mí". San Lucas XXII, 20. San Marcos XIV, 24.

observador de La Palabra contenida en la Biblia, puede negar que Jesucristo alguna vez haya transferido a los Apóstoles el oficio de ejercer la Eucaristía en su en su lugar?

El protestante riguroso y fatalista, no cree en ceremonias dirigidas por hombres mortales y no le concede a éste piadoso ritual, más que un significado simbólico, sin garantía de beneficio espiritual. Pues el hombre, en su naturaleza incorregible (según la apostasía) será siempre un pecador sin posibilidades de superarse. Y por ello, en nada cuentan los Sacramentos y es en vano de su parte todo esfuerzo por mejorar. Si bien, nadie en nuestra Iglesia puede responder en qué proporción la gracia de la Eucaristía ejerce su poder sobre el individuo, queremos pensar que la Justicia Divina, se encarga de distribuirla de acuerdo al grado de fe y entrega. Lo que sí podemos asegurar, es que si por el contrario, esta sana costumbre cristina no ejerce ningún beneficio, tampoco nos hará mal.

El ejemplo es más o menos, como tener enfrente al protestante sin querer bañarse y alegando que de todas maneras será imposible eliminar con una dosis de agua y jabón, absolutamente toda la suciedad. Aparte, tarde o temprano -intuye- se volverá a contaminar. Así y todo, a pesar de su obstinación, el buen católico le insistirá: ¡Báñate, es muy saludable, de todas maneras una limpieza extra, nunca estará de más!

Es evidente que Jesucristo mandó a los Apóstoles a que repitan en su memoria lo que Él mismo acababa de hacer en la última cena (convertir el pan y el vino en su Cuerpo y su Sangre) y desde luego debió de haberles otorgado la autoridad, de otro modo les hubiese dado algo imposible de realizar.

Y en efecto, debiendo durar la doctrina cristiana lo que dura el mundo, y siendo los Apóstoles seres mortales, claro está que Jesús debió de darles juntamente con el poder de consagrar y ofrecer el Sacrificio Eucarístico, la de transmitir a sus sucesores esta potestad ¿Qué hace pensar a los incrédulos que este rito surtió efecto, sólo, en los primeros cristianos? ¿Acaso nosotros lo necesitamos menos que aquellos cristianos de la antigüedad? Todo indica que tanta porfía de los protestantes modernos, es pura necedad, pues si esto no fuera así, entonces la gran mayoría del pueblo cristiano del mundo, los doctos y sabios teólogos de la escuela apostólica, y las más grandes personalidades de la edad media, hasta nuestros días, (tomando al pie de la letra las indicaciones del Señor y la instrucción de los apóstoles) han caído en la más vil idolatría, tributándole honores a un trozo de pan. De este modo, Jesús, también fue un impostor, o tuvo con nosotros mala voluntad, al no prevenir que sus discípulos cayeran en la más burda equivocación, al seguir su cometido en forma literal.

El Santísimo Sacramento.

San Juan XVII, 23. "Yo estoy en ellos, y tú estás en Mí. "

¿Cómo podría Nuestro Señor entrar en nosotros más firme y manifiestamente, que por vía de la Eucaristía? Nadie como el Apóstol Pablo, traza un paralelo entre el sacrificio de la cruz y el que en forma incruenta se realiza en el altar, donde también está presente Nuestro Señor en el Pan eucarístico: "El Cáliz de bendición que consagramos ¿No es acaso la comunión de la sangre de Cristo? Y el Pan que partimos ¿no es la comunión del Cuerpo de Cristo?" [19]

Básicamente, esta antigua costumbre de la repartición de Pan y el ritual cotidiano que conserva la Iglesia (en donde el sacerdote ofrece a los fieles la Hostia) persiguen un mismo objetivo. A diferencia que hoy (por un tema de prudencia y previniendo cualquier accidental derramamiento) ha quedado en desuso el ofrecer a los cristianos el Vino.

Reforzada con La Palabra, dicha ceremonia que Nuestra Iglesia ofrece en forma social, brinda suministro espiritual a los fieles, pues realmente el piadoso creyente repara en ese frágil y liviano trozo de pan, fragmento del Cuerpo de Cristo. Es obvio que dicho hábito debe de tener la presencia y orientación calificada de al menos un ministro. Éste, con todos los humanos defectos, por beneplácito y comparecencia de Nuestro Señor, no desacredita de ninguna manera los fines ni la gracia del mismo. Pues si bien, todos los seres tenemos defectos, no así la Iglesia, la cual es una sucursal del Cielo. Y aunque no gozamos hoy de la Suprema Personalidad encarnada, nos consuela el poder realizar esta rutina en su lugar con éxito, ya que Él prometió estar siempre junto a los fieles, hasta que la duración de nuestra existencia se haya cumplido.

Desentiende la Misa, quien estime como obra de magia la acción de la Iglesia o de los sacerdotes, como burlonamente alegaron Lutero y Calvino. ¿Quién puede llamar de iluso al pueblo de Dios que goza del literal cumplimiento de la promesa de Cristo? La sagrada teología designa a este misterio con el nombre de transubstanciación ¿y cómo es que se efectúa este fenómeno?

¿Cómo las especies eucarísticas en manos del sacerdote dejan de ser simplemente pan y vino? Eso es algo que jamás entenderán los materialistas experimentales, incrédulos y científicos.

Aunque, en la ceremonia apostólica de la última cena y en las siguientes declaraciones de Nuestro Señor, el rito católico queda justificado y explicito: "el Pan que yo daré es mi misma Carne"; "el que no come mi Carne, ni bebe mi Sangre no está en mí"; "El que no mora en mí se seca".

Quienes ven algo perverso en este ritual de amor y caridad, quienes no perciben el consuelo que encierra el Misterio de la Eucaristía, es porque tienen la inmensa desgracia de no pertenecer a la verdadera escuela de Cristo.

Y más aún, ya unos meses antes de enseñar el rezo dominical, Nuestro Señor se autoproclamaba como el "Pan de vida" y prometía dar su Cuerpo a los suyos de alimento, de ahí que también

19 I Corintios X, 16.

se percibe claramente un anticipo del ritual, en la célebre frase: "Danos el pan de cada día." Pues está escrito, que por designio Divino, el pan del sustento físico nadie nos lo regala, pues hay que salir a ganárselo con sudor y sacrificio. [20]

[20] Algunos escritores, siguiendo la conclusión de Orígenes usan la etimología de esta frase en griego... "el Pan para la existencia" o "superior a la substancia" favoreciendo la aplicación para la Eucaristía.

IV

Bautismo y Confirmación.

San Marcos XVI, 16. "El que creyera y se bautizare será salvo; pero el que no creyere será condenado."

El bautismo es el primer Sacramento de la Iglesia, con el cual se brinda al individuo personalidad religiosa, iniciación espiritual y lo que es más importante: el ser de gracia. El Señor mismo afirma que el Bautismo es necesario para la salvación. Por ello mandó a sus discípulos predicar el Evangelio a las naciones y bautizar a la gente de todas las razas.[21]

Bautismo, significa en griego "sumergir", pues este baño sobrenatural y purificador, es un don concebido para renovación del alma. Decimos también que es la puerta de entrada al renacer del espíritu, y un pórtico de acceso a los otros Sacramentos; los cuales, junto al néctar de La Palabra, conforman los fundamentos primordiales de la vida cristiana. Los ministros de Nuestra Iglesia, conscientes de la voluntad salvífica del Señor hacia toda la humanidad, desempeñan con éxito este piadoso ritual, utilizando siempre la fórmula bautismal trinitaria, por ello creemos que pierde su valor el Bautismo sin la dirección adecuada. Sepan que el sacerdote bautiza con la fuente intrínseca del Espíritu Santo, en cambio los incrédulos, y hasta el propio San Juan (que no poseía la receta) no ha bautizado ni bautizan, sino con agua.[22]

---

[21] San Mateo XXVIII. 19 -20.

[22] Opinión personal del autor basándose en las siguientes palabras: "Juan a la verdad ha bautizado con agua, mas vosotros seréis bautizados con el Espíritu Santo". Hechos de los Apóstoles XI,16.

¿Qué pecado puede tener un niño al nacer?
Inquieren los necios tratando de confundirnos, y con la intención de tentar cualquier suspicacia. Pero si Nuestro Señor se sometió voluntariamente al bautismo a manos de San Juan, está claro que el ejercicio de este Sacramento, no solo limpia las faltas. Pues Jesús, siempre perfecto, es inmutable ante el defecto de la carne y de las acciones humanas. Así y todo, es siempre el primero en cumplir con toda justicia, y fue precisamente quien introdujo e instituyó esta costumbre incorruptible, asegurando con su ejemplo, la legitimidad de la Nueva Alianza.

¡Seguro que un niño recién nacido no puede cometer ningún tipo de trasgresión voluntaria! Quien seguro incurre en pecado, es aquel adulto que excluye a su hijo recién nacido, de este signo visible, con poder de imprimirse en el alma.[23]

La gracia de Dios, siempre asequible a todo el mundo, no debe negarse a ningún ser humano, desde el momento que nace, pues se supone que todos los adultos ya deberían estar bautizados. Y ¡cuánto mejor y seguro es bautizar a los infantes, en caso de que fallezcan de edad tierna, sin la oportunidad de recibir semejante dádiva! En cuanto a los niños fallecidos sin obtener el Bautismo, la Iglesia solo puede confiarlos a la Misericordia Divina, como se hace en el rito de las exequias, donde se implora por su alma.

El bautizar a los niños pequeños, forma parte en la tradición inmemorial de la Iglesia, atestiguada explícitamente desde el siglo II. Más, sin embargo, desde el comienzo de la predicación apostólica se llevó a cabo esta práctica, cuando los discípulos entraron a bautizar familias enteras dentro de sus casas.[24]
Junto al Bautismo y la Eucaristía, el Sacramento de la Confirmación, constituye el conjunto de "los ritos de iniciación cristiana." Doctrina cuya verdad, hoy es fuente de unidad y convicción, por

---

[23]San Mateo XIX, 14. "Dejad a los niños y no les estorbéis de venir a mí."

[24]Hechos de los Apóstoles XVI, 15 y 33.

ello debe ser siempre defendida y salvaguardada.
Para los separados que no tienen, ni lo uno, ni lo otro, la fe no solo es el comienzo de la salvación, sino lo que produce la misma (junto con La Palabra). El bautismo no es más que simbólico y no posee en sí ningún poder de gracia.

Confesión.

I Corintios V, 12-13. "¿No son los que están dentro de la Iglesia a quienes tenéis derecho de juzgar? A los de afuera, Dios los juzgará."

Los Sacramentos conforman una pieza clave del rito cristiano, sin ellos queda estéril la doctrina, pierde su propiedad el sacerdote y el culto se vuelve dudoso y precario.

Aunque, cosa muy distinta concluye el juicio protestante, que se burla y tilda de ridícula nuestra costumbre confesora frente a algún ministro consagrado. Ellos no tienen fe en la Iglesia de Cristo, pero sí creen en la luz interior; en la dirección del Espíritu Santo. No pueden concebir que la Gracia de Dios esté atada a los Sacramentos, mas, Nuestro Señor ha sido bien claro: la fortuna del hombre, sí debe de estarlo.

Someten el dogma a un rigorismo racional mezquino, y resuelven aventurarse por caminos diferentes a los que Dios ha mandado. Perdiendo así la oportunidad de entender, disfrutar y abrazarse a la sincera festividad católica, que hoy es alegre costumbre, especialmente en el continente americano.

Mientras nuestra modesta gente, en cambio, sin someter a un meticuloso análisis los dogmas de fe que propone la Iglesia, cariñosamente participa de la confesión, pues entiende, que por este medio logra regular cualquier apego insano. Así también, influidos por la piedad del sacerdote, más fácilmente enmendamos las faltas, templamos el espíritu, huimos de las ocasiones de pecar y con su apoyo moral, recapacitamos.

Es justo apreciar que se necesita coraje para aceptar los errores y las críticas imparciales que les corrijan, pues al confesarse, uno, se avergüenza públicamente y se humilla relatando sus actos. Esto parece ser una idea definitivamente inaceptable para el orgullo protestante, que prefiere fingir un extraordinario contacto personal con la Divina Providencia y el perdón directo de su Dios imaginario.

Su egocentrismo les hace creer que se han vuelto independientes a las leyes del Cielo, o aun un peor, están quienes creen que pueden fundirse con la Personalidad de Dios, siguiendo ¿Quién sabe qué ideario?

Mas, inducidos por las Palabras Reveladas, concluimos sin temor a equivocarnos, que Dios recibe indulgentemente a los hijos que se arrepienten, con tal complacencia, que su regocijo, sería razón de envidia hasta para los propios ángeles (si acaso estos seres íntimos del Señor padecieran sentimiento tan humano).

Tengan por cierto, que la confesión, acompañada de una sincera penitencia, es un segundo Bautismo, que le devuelve al arrepentido toda la riqueza natural perdida, antes de haberla ensuciado.

Por tal motivo, Nuestro Señor anima a sus discípulos, para que a su vez ellos despierten este instinto en los fieles: "Aquellos a quienes retendréis los pecados les serán retenidos y aquellos que perdonaréis, serán perdonados."[25] De esta manera Nuestro Señor instala en la tierra un sacerdocio para perdonar las faltas, o estas palabras de Jesucristo serían en vano.

La Confesión fue una práctica común ya de los primeros cristianos: "Y un gran número de los que habían creído venían a confesar y dar cuenta de sus actos".[26] Fuera de la Iglesia Romana, también la Ortodoxa griega mantiene vigente esta práctica, a pesar de llevar separadas una significativa cantidad de años. Si alguna de estas dos Iglesias hubiera instituido por su propia cuenta, este ritual de tiempos de los Apóstoles, hubiera sido por el otro lado

---

[25] San Juan XX, 23.

[26] Hechos de los Apóstoles XIX, 18.

descartado o condenado.
Ahora ¿Quién puede alegar que el Sacramento de la Penitencia fue solamente medio de salvación en tiempo de los Apóstoles? ¿acaso los cristianos que vivieron después de su muerte necesitarían menos, la gracia de remisión de pecados?
"Grande es el gozo de los ángeles de Dios, por un solo pecador que haga penitencia" No es esta una idea de algún Papa, ni son cosas de ninguna iglesia. Está expreso en el depósito de las Escrituras Reveladas a los Santos.[27] Y hay más: "Confesaos unos a otros vuestros pecados para que seáis salvos" Nos exhorta Santiago.[28] Si confesamos humildemente nuestros pecados, fiel y justo es Él, para perdonarnos.[29]

Matrimonio.

I Corintios VII, 10-11. "A las personas casadas mando, no yo, sino el Señor, que la mujer no se separe de su marido, y si se separa, que se quede sin casarse de nuevo, o reconcíliese con su marido. Igualmente que el marido no repudie a su mujer."

Con inextinguible majestad, el culto religioso no cede a su embajada, y a pesar de haber perdido hoy prestigio, allí está, permanentemente, para aquellos quienes le saben apreciar.
Tal disipación en la fe, no es en respuesta a un cambio de fórmula del rito, sino a causa de la decadencia moral en que vivimos, donde abunda como nunca la frivolidad, el vivir por vivir, el vacío espiritual, y galanteando también tenemos (no se puede evitar) el arrogante discernimiento de los "intelectuales", con su exaltación del criterio individual.

---

27 Lucas XV, 10.
28 Santiago V, 16.
29 I San Juan I, 9.

Pero Nuestra Iglesia, con sus sabias y prudentes decisiones, siempre nos ha inducido por uno u otro camino, un sentimiento de cariño por todo lo sagrado. Y la pareja, siempre que esté atada a la promesa de Dios, tiene en dicho plano un papel primordial. Pues, el compromiso, por el que los esposos se dan y se reciben mutuamente dentro del templo, es aprobado en el Cielo y sellado por decreto celestial.[30]

De su alianza nace una institución estable por ordenación divina, afirmada con las raíces incorruptibles de quien la fomenta, para así ocupar una íntegra posición dentro de la sociedad. A su sano desenvolvimiento está estrechamente ligada la prosperidad y el bien general. Es franca, por ser primera escuela en la vida cristiana, cálida y delicada como todo nido familiar. Igual a un árbol que da fruto, así es la gracia del hogar, y Dios lo aprueba, lo cobija y se complace al verlo desde el Cielo, igual que el jardinero se contenta con su nuevo retoño primaveral.

Quien le promete amor eterno a su pareja frente al altar, no lo hace solamente ante su cónyuge, sino que es Dios testigo del juramento nupcial. Y si Dios los ha unido ¡nadie les tiene derecho a separar![31] Esto es simplemente supeditarse al sentido común, pues definitivamente el Matrimonio, crea entre padres e hijos vínculos indisolubles, no solo inquebrantables por ley divina, sino también por ley natural. Aparte, el auténtico amor, tiende a ser en sí mismo, un sentimiento definitivo, no algo temporal.

Así como amamos para siempre a nuestros padres, nuestros cachorros, nuestro equipo de fútbol, se supone que debemos amar a la pareja que se mantuvo a nuestro lado de manera incondicional, y esta unión mutua, debería ser en la familia una donación recíproca de cariño, especialmente habiendo hijos de por medio (los que sencillamente sufren si no hay entre sus padres respeto y fiel unidad).

---

[30] San Mateo XIX, 6. "De manera que ya no son dos, sino una sola carne".

[31] San Marcos X, 9.

Virtuoso es quien sepa darse por completo. El amor auténtico es una virtud, asumida como don divino, y para triunfar en la relación se necesita humildad. El casamiento ayuda a vencer el repliegue sobre sí mismo; el egoísmo; la búsqueda del propio placer; y la Sagrada Escritura lo ratifica: "No es bueno que el hombre ande solo"[32] ¿Por qué creer entonces que la Iglesia impulsaría dicho enlace, si éste nos hiciera algún mal?

La misión de cualquier Iglesia decente, es siempre consolidar y purificar la relación del cristiano, para así elevarla, hasta el punto de hacer de ella, una expresión viva de los valores humanos a nivel universal. Magra percepción espiritual tendrán los protestantes, que incurran en divorcio, y siempre a su conveniencia traten de imponer nuevas ideas por encima del credo (por no poder cumplir la rigurosidad de la ley moral). "Cualquiera que repudia a su mujer y se casa con otra, comete un adulterio respecto a la primera. Y si la mujer repudia a su marido, se vuelve adúltera cuando se vuelve a casar."[33] ¿Por qué entonces tentar a la Iglesia alentando el divorcio? Abortos, inseminaciones artificiales, casamientos que invierten el modo natural. Pronto le pedirán también que celebre casamientos de tríos, y luego ¿quien sabe qué más?

Extremaunción y Purgatorio.

I Corintios XV, 12-14. "¿Cómo andan diciendo algunos entre vosotros que no hay resurrección de muertos? Si no hay resurrección de muertos, tampoco Cristo resucitó. Y si no resucitó, vana es nuestra fe y nuestra predicación."

La energía de Dios es inconcebible, pues su concepción va más allá de la jurisdicción de nuestro entendimiento. Nuestro Señor

---

[32]Génesis II, 18.

[33]San Marcos X, 9-12.

se encuentra difundido por todo este mundo material y sin embargo está más allá de él ¿quién puede objetar esto?

Nosotros ni si quiera podemos entender este mundo material ¿Cómo vamos a entender lo que está más allá del Universo? Por lo tanto, la persona piadosa y sensata, evitando especulaciones y argumentos, acepta lo que se declara en los Evangelios: "Por lo tanto la voluntad de mi Padre, que me ha enviado, es que todo aquel que ve al Hijo y cree en él, tenga vida eterna y yo le resucitaré al final de los tiempos."[34]

La resurrección y la vida futura, son secretos revelados progresivamente por Dios a su pueblo. Y sus primeras pruebas comienzan ya a vislumbrarse con las declaraciones de los mártires Macabeos: "Es gran ventaja para nosotros perder la vida a manos de los hombres, por la firme esperanza que tenemos en que Dios nos la devolverá de nuevo." [35]

La confianza de esta transfiguración física en "cuerpo de gloria o espiritual" se impuso como consecuencia de la fe en un Dios personalizado, con alma y con cuerpo. Con la muerte y resurrección de Cristo, al fin el sentido cristiano de la muerte es exhibido a la luz, bajo dicho misterio.

Los santos elogian la muerte, la ven como un camino de reencuentro con Cristo. Los menos piadosos le temen, aunque más hay que temerle al pecado, pues Nuestra Iglesia enseña que al fallecer, simplemente se experimenta el tránsito hacia un nuevo nacimiento.

Así, creyendo en la vida futura y en la resurrección de los muertos, la Iglesia se encarga de preparar al individuo en su hora final, y como una madre que ha llevado sacramentalmente de la mano al cristiano durante su peregrinación terrena, igualmente lo acompañará al término de su caminar, para entregarlo a disposición y voluntad del Cielo. Por medio del Sacramento de

---

[34] San Juan VI, 40.

[35] Macabeos VII, 14 y 29.

la Extremaunción (ritual consolador dedicado a los fieles que se encuentran en peligro inminente de morir y el cual consiste en aplicar oleos sagrados preparados especialmente por el sacerdote) el creyente finalmente logra la meta final de todo hombre, que es la conciencia plena de Dios y el deseo de volver a su Reino.

La frívola doctrina protestante (bien a la orden de sus miembros) no cree en el Purgatorio, ni acepta que haya que rezar por los difuntos. Entonces, cabe preguntarles a esos protestones que solo conciben un Paraíso y un Infierno: ¿qué pasa con aquellos que mueren sin ser demasiado malos, como para ser reprobados, pero tampoco son lo suficientemente buenos para ser admitidos en el Cielo? Una idea no muy descabellada es el Purgatorio. Al contrario, fue un concepto muy bien aceptado hasta la edad media, pues si lo pensáramos bien, esto es muy coherente y de gran sosiego.

La Iglesia ha formulado la doctrina de la fe relativa al Purgatorio, sobre todo en los Concilios de Florencia y de Trento, basándose en ciertos pasajes de las Escrituras, en donde se habla de un fuego purificador que brinda la santidad necesaria para poder entrar en la alegría del Cielo.[36]

En todo caso, como dice el proverbio cristiano: "por sus frutos reconoceréis al árbol". Los seres queridos y las buenas amistades que haya tenido el difunto, pueden hacer la diferencia, cumpliendo un papel muy importante con sus rezos. Desde luego, lo que sembramos a lo largo de la vida no puede morir. Lo justo sería que juegue a nuestro favor o que sean motivo de nuestra propia condenación, las cosas que hemos hecho.[37]

Nuestra educación católica también nos orienta a hacer oración por los difuntos, penitencia, y a dar limosnas a las iglesias. Más, solo la avaricia o su desestima (en caso de los protestantes) puede apelar por eso.

---

[36] I Corintios III, 15.

[37] San Juan V, 29. "Los que hayan hecho el bien resucitarán para la vida y los que hayan hecho mal, para la condenación."

"Cada día, hacemos oblaciones por los difuntos" dice Tertuliano a todo esto.[38] Y San Agustín: "Opongan los herejes lo que quieran, es un uso antiguo de la Iglesia orar y ofrecer sacrificios por los muertos."[39] Y también sentencia San Pablo en su carta a los romanos: "¡Alegraos hermanos con la esperanza del premio!"[40]

Contemplación de las imágenes religiosas.

III Reyes VI, 29. "E hizo adornar todas las paredes del templo con varias molduras y relieves, figurando en ellas querubines y palmas, y diversas figuras, que parecían saltar y salirse de la pared."

Así como hemos comprobado anteriormente, que Cristo puede hacerse presente en los elementos de la Cena, de igual modo aseguramos, que la veneración de nuestra grey hacia las imágenes de los Santos, no se detiene en el lienzo inanimado, ni tampoco, en el inerte trozo de madera, sino que este homenaje recae directamente en las perfectas personalidades que dichas imágenes representan. ¡Por supuesto que no somos tan zopencos los católicos, para creer que las esculturas puedan manifestarse, o para imaginar que algún tipo de magia o milagro pueda derivar de unas simples muñecas!

Pero criticar el uso religioso tradicional es tan absurdo, como querer desprestigiar los honores ofrecidos a los colores patrios de nuestras flamantes banderas (que tampoco son de material distinto al plástico o a la tela) ¿O acaso los especialistas de las distintas sectas protestantes, no guardan fotos en casa de sus amados difuntos? ¿No visitan a sus ancestros en el cementerio? ¿Acaso, nunca les han dejado flores junto a sus retratos o féretros?

---

38 Tertuliano (160-222D.C)

39 Obispo de Hipona (354-430) (Libr. Haeres c 53)

40 Romanos XII, 12.

Entonces, es forzoso preguntarles, solo para mortificarlos ¿Por qué lo hacen? Si es obvio que los familiares fallecidos no están en una mera reproducción fotográfica, ni tampoco allí, bajo la tierra.

Sepan que el culto cristiano, ofrecido a las imágenes no es contrario al primer mandamiento que proscribe los ídolos, ni deroga o desautoriza las siguientes leyes del antiguo testamento: "No te harás escultura, ni imagen alguna de lo que haya en el cielo, ni de lo que hay en las aguas o abajo la tierra"; "No tendrás dioses ajenos delante de mí"; "No servirás ni te postrarás ante ellas."

Pues ¡Qué injusticia pretender que nuestras manifestaciones de cariño a los Apóstoles y a los Santos, son una especie de hurto hecho directamente a Dios! Aparte ¿quién puede ubicar a la Virgen o a los Santos como espantosas majestades de una causa ajena?[41] Las cosas benditas, por obra y decisión de Dios deben apreciarse de forma sagrada, y eso es precisamente lo que fomenta Nuestra Iglesia.

Además, la Biblia protestante "Valera", traduce inexactamente histahavah en la voz hebrea, esto significa propiamente "postrarse en la tierra" (hasta tocar con la frente la imagen) e iba esta ordenanza dirigida exclusivamente a los judíos, que vivían rodeados de colonias de gentiles, para que no copiasen aquellas ideas.

Por otro lado, este método es defendible, para quienes aún no tenían un retrato personal de su apariencia[42]. Mas, con la misericordiosa encarnación de Dios a forma de Verbo, esta ley debe cambiar, pues la adoración de la Suprema Personalidad de Dios, en sencillas expresiones que representen sus pasatiempos, con formas que Él mismo adoptó, tanto en la Cruz, como al nacer; en el pesebre y junto a La Sagrada Familia, no puede ser tomada

---

[41] San Lucas X, 16. "El que a vosotros escucha a mi me escucha, el que a vosotros desprecia a mi me desprecia."

[42] Deuteronomio IV 15, 16. "No viste ninguna figura el día en que el Señor se presentó desde en medio del fuego en el Horeb, para que no fuera que engañados os forméis alguna estatua esculpida de hombre o mujer."

como idolatría, de ninguna manera.

Dentro del cristianismo, los protestantes no fueron los primeros en adoptar una posición iconoclasta, pues ya desde el siglo IV, algunos teólogos y apologistas, manifestaron firme oposición a la veneración de imágenes. Hasta que el papa León III, quien rigió La Iglesia a mediados del 700 d. C. decretó la destrucción de imágenes religiosas, al tiempo que su sucesor Constantino V continuó esta tarea. A pesar de ello, no tardó en consolidarse para siempre el retorno de las antiguas costumbres, y a partir de 787, volvieron a implementarse, en el Séptimo Concilio Ecuménico, celebrado en Nicea.

Los árabes también tienen prohibido contemplar imágenes de profetas, a pesar de que obviamente éstas les permitirían evocar de manera más sensible al personaje en referencia, dándole a la comunicación del rito una mayor riqueza. Y nosotros, que tuvimos la suerte de permanecer junto a Dios; lo vimos; lo tocamos, hoy gracias al depósito visual que queda, podemos complacernos de recordar levemente cómo era. Por todo esto concluimos que: El Señor, y el resto de las piadosas esculturas, tal como están en el templo, nunca deben de ser consideradas como objetos de piedra o de madera. Nuestro piadoso pueblo bien entiende esto, pues en su enorme humildad no halla entre Dios y su imagen, entre Dios y su Palabra, entre Dios y sus enviados, ninguna diferencia. De seguro, los protestones, arrogantes como son, si no se postran ante su imagen, seguro no se postrarían tampoco ante su persona, aunque enfrente estuviera.

En vano es seguir alegando. La contemplación de imágenes religiosas y el respeto por las reliquias forma parte de nuestra deliciosa herencia y por supuesto que a Dios no puede desagradarle nuestro modo de embellecer y ornamentar con imágenes los templos, que como sucursal de los cielos, mantiene siempre las imágenes de Nuestro Señor, o de algún otro ser muy comprometido con la obra evangélica.[43]

---

[43]III Reyes VI, 29. El Señor, por medio de sus ángeles, le pidió a Moisés que fabrique imágenes religiosas de ángeles, para el propio Templo del Señor.

V

Tan cristianos y tan desiguales.

I Corintios XII, 25-26. "A fin de que no haya división, cuiden uno de otro, si un miembro padece, todos los miembros se compadecen."

¿Cuándo (antes del polémico y escandaloso Lutero) a alguien se le ocurrió volver en gracia y en orgullo el desafiar a las instituciones religiosas y a sus costumbres tradicionales? Este hombre en un arrebato de inspiración supo convertir la fe en Cristo, (la cual hasta entonces había sido una sólida base de unión) en elemento de lucha, beneficiando solo a los enemistados con Cristo y a las autoridades locales, las cuales aspiraban a apoderase de los bienes clericales.

Si siempre fueron buenos cristianos y usaron para instruirse católicos canales ¿Cómo pudieron los luteranos por una parte y los anglicanos por otra, tomar como una victoria aquella expropiación en contra de la Iglesia, cuando para el resto de los cristianos fue éste, un hecho insensato y lamentable?

Hoy, sus sucesores prefieren analizar las verdades reveladas... ¡No, siguiendo a la Escuela Apostólica de Roma! (mayor autoridad en el tema) sino como a ellos les place. Y crean, que su frívolo parecer es totalmente opuesto a como la Iglesia de Cristo las viene interpretando en los últimos dos mil años ¿Acaso es justo que nuestra tradición litúrgica (la cual fue útil por tantas generaciones) con la llegada del hombre moderno venga a denigrarse?

Si los cismáticos tuvieran buena voluntad, como acérrimos lectores de la Biblia deberían entender que los Apóstoles nos enseñaron a ver los Sacramentos como un vehículo de comunión con Cristo y del mismo modo con el resto de la comunidad. Si es así ¿por qué en su intento de independencia los vuelven en contra de la franca reunificación, como si estos signos sensibles fueran los culpables?

¿Cómo pueden convertir a nuestro Episcopado Pontífico, (único que permanece como fidedigno sucesor de los Apóstoles, y el cual debería ser motivo de orgullo para todos los creyentes) en el obstáculo principal de su postura irreconciliable?

¡Qué triste, si se probara que esta actitud indolente, obedeció solamente a intereses privados, políticos y nacionales! Si ellos excusan al problema de la desunión, en una convergencia en Jesús ¿Cómo explican que entre cristianos pueda haber hoy juicios tan dispares? ¿Quién tiene el descaro fingir libertad, mientras el tronco del cristianismo se sigue fragmentado en miles de partes?

Evidentemente sobre estos temas no puede haber distintamente dos verdades. El Espíritu de Verdad no puede estar con aquellos individuos que reclaman la potestad otorgada por Jesús y su Iglesia, a María y los Apóstoles; cuando indudablemente el Espíritu se manifiesta y permanece en ellos primeramente y más íntimamente que con nadie. Así lo entiende la mayoría de fieles de la sociedad cristiana, por ello celebraron siempre con júbilo el derecho de reconocerle su Inmaculada Concepción a la Virgen María, y aceptaron con gusto el patronato de nuestros queridísimos Santos, tanto en templos, como en capillas, pueblos y ciudades. ¡Pero claro! Ellos lo viven reprochando, pues para los protestones de siempre, esto es claramente una provocación bochornosa y aberrante.

Lo más triste, el origen de la separación.

I San Juan IV, 3. "Y todo espíritu que desune a Jesús, no es de Dios, antes éste es, el espíritu del anticristo."

No nos extrañaría recibir noticias, de que aquellas profecías lanzadas por el protestantismo, hayan sido infundadas por cierto príncipe o poder político, tentado por el cebo de los bienes eclesiásticos y coincidentemente alentadas por un odio enfermizo en contra del clero.

Pues un simple sacerdote, sin patrocinio, no podría dividir al cristianismo del modo que lo hizo Lutero. Si acaso es verdad que la Iglesia de Cristo estaba sumergida en la noche del error y en la idolatría más abominable. ¿Por que esperaría el Espíritu de Verdad cerca de 1500 años para esclarecernos? Sin embargo, esta percepción es evidentemente muy opuesta a la que apreciaron, por ejemplo: aquellos Apóstoles que vivieron para ser testigos de la ruina de Jerusalén, mientras se diseminaba vivamente la prodigiosa doctrina de su maestro. E igual de contraria a lo que elocuentemente opinaba San Agustín, quien vio en medio de la caída del gran imperio romano, a una Iglesia en realidad libertadora y carismática, expandiéndose por el mundo entero.

Ya, Felipe "el hermoso" (que no podía ser de otro sitio, sino de Francia) también había intentado romper la armonía religiosa que se venía disfrutando hasta el momento, divorciándose de las ideas medievales acerca de las relaciones entre Iglesia y Gobierno. Entonces, con la escusa de atacar al poder papal, volvía a su país en una monarquía cesarista, que no concluyó, sino en perjuicio de su pueblo. Finalmente, como era de esperarse, se comprobó que su maquiavélica pretensión, era tan solo adueñarse de las rentas de los obispados y abadías bacantes y que no existía en sí, otra razón de por medio.

De modo también impopular, trasciende la doctrina reformista en Inglaterra, bajo el reinado de Enrique VIII, quien comenzó siendo un ferviente católico, y hasta un crítico rotundo de la teoría de Lutero. Pero acabó el pobre renegado, oponiéndose imprudentemente al Pontífice, tirando su propia honra y la de su gente desde un despeñadero.

Como bien se sabe, la fatal ruptura entre el monarca y la Iglesia Apostólica, ocurre desde el momento aquel, en que la institución cristiana, en forma resuelta le niega el divorcio con Catalina de Aragón. Desde entonces, el líder decide autoproclamarse jefe y cabeza de la Iglesia de Inglaterra, instaurando a la fuerza su jurisdicción episcopal, al antiguo estilo de emperador, llevando a la más denigrante obscuridad, la decadencia de su vida y de su reino. A su muerte, María Tudor, intentaba restablecer la antigua tradición católica en la Gran Bretaña, pero aunque esta disposición era bien acogida por el pueblo, generaba recelo en cierta parte del prelado, pues con el régimen anterior, se habían casado más de dos mil clérigos.[44] Evidentemente ya no había vuelta atrás, comenzaba así, de a poco a vislumbrase la falta de respeto hacia el carácter sagrado del sacerdote, siendo dicha degradación del culto en Inglaterra, boleto de ida sin regreso. Y mientras en Suiza y Francia, Calvino y Zwinglio se declaraban en guerra contra la Misa, llegando al punto de despreciar todo aquello distinto a la sustitución del catolicismo. Por su parte Lutero, tomaba nupcias en una Alemania, que también se desgarraba en medio del fuego. Pues el tumulto, la persecución, el ataque a las iglesias, era función cotidiana de la crisis social y política que se padecía, la cual dejaba en medio del caos, a montones de viudas y niños huérfanos.

¿Quién fue el patrocinador de la causa protestante? Seguro que no el Cielo. Jesús dijo: "Mi doctrina no es mía, sino de aquel que me ha enviado" ¿Quién ha enviado a Calvino? ¿Quién de sus seguidores, podría afirmar que es obra del Espíritu Santo la teoría de Lutero? Si su base teológica es insegura, contraria al sentido común y carente por completo de fundamentos. Por ejemplo: Este doctor de la letra germana llamaba a la Misa, "La cola del dragón del papado" Pero luego ¿Cómo podía Lutero desentender la Misa, siendo un sacerdote consagrado, que en un tiempo la celebró con frecuencia? Hoy, esta profecía de Lutero sobre dicha ceremonia, es rebatida hasta por los propios teólogos luteranos modernos.

Precisamente lo único que han dejado manifiesto los protestantes, es su declarada fobia a la jerarquía eclesiástica, su enemistad con la Virgen María, y su desprecio por todo lo que hasta ayer

[44] Enciclopedia Universal Hermanos de Espasa. ANGLICANA pág. 565

les fuera digno de respeto. Después del Rey Enrique VIII de Inglaterra, cualquier poder político puede imponer y manipular la religión según su criterio. Luego del ejemplo de Calvino y Lutero, cualquier teólogo puede de repente, captar en conceptos terminantes el misterio completo de las revelaciones y contraponer su autoridad privada, a la establecida de antemano por el credo.

Promotores de la ruptura.

Efesios II, 19 y 20 "Sois conciudadanos de los santos y miembros de la familia de Dios, edificados como estáis sobre el fundamento de los Apóstoles y de los profetas, siendo el mismo Jesucristo la piedra angular."

A los discípulos y sus sucesores se les encomendó la sagrada misión de adoctrinar a toda la gente, sin importar su creencia ni su raza, para que luego el concurso, pueda ser integrado místicamente con el Cuerpo resucitado de Cristo. En dicho Cuerpo se asocian hoy todos los cristianos en virtud de la fe, la cual se vivifica y se renueva a lo largo de su existencia por medio de los Sacramentos y del Pan Eucarístico.

Ahora, podríamos entrar en detalles sobre las doctrinas que implantaron los reformistas Lutero, Carlstadt, Zwinglio y Calvino, pero esto no sería de ningún provecho, pues todos ellos, más o menos, se empecinaron en lo mismo: Sepultar toda ceremonia y sacrificio.

Analizar sus teorías sería un retroceso, como volver al tiempo de la época arriana, donde los pueblos bárbaros querían conformar una religión que les abriera las puertas del Cielo. Ya que estos cuatro oradores, en su carrera por restituir el cristianismo, simplemente invirtieron la concepción original de las Escrituras y alentados por sus limitadas experiencias y un pobre sentido común, solo revivieron antiguas herejías que impusieron luego como principio.

Hoy básicamente sobre las bases de un ensayo aleatorio de Lutero y Pelagio, o adoptando conceptos enhebrados por Calvino, ejerce su oficio el protestantismo. Y como única regla de salvación han proclamado a estos tres elementos sagrados: La Escritura (aniquilando la tradición); la fe (sin importar las obras y desafiando más de un pasaje bíblico)[45] y la gracia (limitada solo a los escogidos).

Para todos ellos, la palabra inmediatamente extraída de la Biblia revistió un carácter sacramental, y desproporcionadamente, la predicación se abalanzó, reduciendo a forma insignificante el Santo Oficio. Denigraron las ceremonias uniformes instituidas por los hombres, sin tener plena certeza de las ventajas del ritualismo, y alumbraron conciencias inseguras, las cuales de lo único que pueden dar fijo testimonio, es de su fe en Cristo.

Tengamos en cuenta que al hacer público su sistema teológico, ninguno de ellos presenta pruebas críticas, ni conclusiones específicas en contra de los firmes fundamentos del catolicismo, pues solo se dedican a insultar al papado; a despreciar con pertinencia la tradición y a elaborar sus propias versiones religiosas (con Biblia incluido, en el idioma respectivo). Las mismas, no son recomendables leer ni seguir, pues lejos de ser obras fidedignas, están floreadas (cuales sepulcros) de falsa vanidad, y permanecen manchadas de soberbia y nacionalismo.

Para aclarar debidamente este punto, hay que apreciar que por ejemplo: Lutero no dominaba el griego ni el hebreo, más que superficialmente. Lo cual evidencia su sin número de equívocos. Él mismo declara así, sobre la edición de sus obras:[46] "Si algún papista se lamenta de que haya añadido o suprimido palabras, contestaré replicando, que papista y asno quieren decir lo mismo." En realidad, el polémico agustino, no toleraba en absoluto que otros hombres disintieran de él y no dudaba en agotar el diccionario de la injuria para ofender a sus enemigos. Calvino no era muy dis-

---

[45]San Mateo XVI, 27. "El hijo del hombre vendrá en la Gloria de su Padre con sus ángeles y entonces dará a cada cual según sus obras."

[46]Altenburg -1536.

tinto, Moreri escribió sobre él, en momentos que todavía no había un gran apasionamiento ni a su favor, ni en su contra, y lo describía así: "Es Calvino, un hombre extremadamente soberbio, que parece dotado de un espíritu muy opuesto a la humildad cristiana [47](como la que por ejemplo sí inspiraron San Francisco de Asís o Santo Domingo). "Es tenaz en sus opiniones, hasta el punto de pretender que todo el mundo asienta a lo que él dice, replicando siempre con arrebato a quienes osen contradecirlo." Su carácter inflexible, su naturaleza cruel y enfermiza, ya en París hacía que le llamaran los estudiantes "el acusativo," personalidad de la que dio prueba más tarde, en el desdichado caso de Miguel Servet,[48] cuando ejercía la autoridad de "Papa de Ginebra" (sobrenombre con el que también se hizo conocido).

Probablemente no hay teólogo que haya despertado tan ciega adición en sus seguidores como Calvino, fue considerado maestro por varias sectas protestantes, siendo aceptada su doctrina, primero en Suiza, luego en Francia, Holanda, y en 1553 se introducía también en Inglaterra, para dar apoyo al anglicanismo.

La fe, como un juego de preguntas y respuestas.

I Corintios VIII, 9. "Pero cuidad que la libertad que tenéis no sirva de tropiezo a los poco formados." (En la fe)

En medio de la confusión reinante, desvarían los protestantes, creyéndose favorecidos por una suerte de "inspiración interior" proveniente del Espíritu Santo. Ellos dicen: "contamos individualmente con el poder místico necesario para dominar cualquier di-

---

[47]Enciclopedia Universal Hermanos de Espasa. CALVINO.

[48]M. Servet fue quemado vivo en la estaca, el 26 de Octubre de 1553.

ficultad en las escrituras bíblicas, sin requerir asistencia por parte de ninguna autoridad." ¡Bullshit! Pura arrogancia. ¿Cómo sabrá el protestante que dicha capacidad (atribuida al Espíritu Santo) no es solo un hábil engaño de su propia imaginación, para justificar la libertad? Y ¿cómo explican, que a pesar de poseer esta virtud profética, haya dentro de sus propias congregaciones (en lo que a criterio de doctrina respecta) tanta ambigüedad?

Si ni siquiera los promotores de la Reforma, en sus concepciones personales de la Verdad, lograron mutuamente un respaldo bilateral. Por ejemplo: el reformador Zwinglio acusaba a Lutero de alterar y corromper la Palabra, en su traducción de la Biblia al idioma alemán. Enrique VIII vilipendiaba a ambos, y Calvino, directamente traspasaba el límite de la incoherencia, imponiendo su juicio; amedrentando a sus detractores; arrastrando al suplicio a todo aquel que le intente desafiar.[49] Definitivamente ninguno de estos "oradores" siguió el ejemplo de San Juan.[50]

Pues, con espíritu soberbio y muy opuestos a la cristiana humildad, se enlazaron en matrimonio ni bien tuvieron oportunidad.

Todos demostraron el mismo ánimo por destituir la jerarquía de la Iglesia, denigrar el oficio sacerdotal, mutilar al cristianismo y evadir los sacrificios del altar. Después de ellos no existe el pasado, se promulga una nueva religión práctica que solo aumentó la incertidumbre; trajo desconfianza a la sucesión oral y a la fuente tradicional, volviendo toda decisión de ámbito religioso en un peligroso juego de azar.

[49]En 1537, al tiempo de su máximo poder de influencia sobre el Consejo de Ginebra, Calvino ordenaba destierros, encarcelamiento y brutales castigos a quienes se animaran a criticar la doctrina de los reformistas. Cabe recordar la ruidosa ejecución en 1553 del antitrinitario Miguel Servet.

[50]Se dice que San Juan permaneció siempre virgen. Era hermano de Santiago el Mayor, con quien fue llamado al apostolado, estando los dos con su padre componiendo las redes. Murió muy viejo, el año 68 después de muerto el Señor Jesucristo o en el 102 D.C.

Creencias, en suerte de lotería.

I Corintios VI, 12. "No porque todo me es lícito, me haré yo esclavo de ninguna cosa."

Para saber y juzgar ¿Cuál de estas tres reglas de fe contiene la verdad? Escoge una de ellas. Y ruega por que no le vayas a errar.

Con respecto a La Palabra:
A- Cada fiel debe de leer la Biblia e interpretarla según su juicio. Alegan las corrientes (metodistas, bautistas, y presbiteranas).
B- Para dar a conocer los misterios revelados en las Escrituras, es que está el magisterio de la Iglesia. Sentencia la fuente católica.
C- La Biblia es clara y no necesita interpretación. Promueven las congregaciones adventistas y los Testigos de Jehová.

Con respecto a la voluntad del Señor:
Cuando Jesús en la Santa Cena, fracciona El Pan y dice: "Este es mi Cuerpo."
A- Debe de tomarse en sentido figurado. Según Lutero.
B- Se niega rotundamente la presencia de Jesús en la Eucaristía. Según Calvino (mas las congregaciones con base calvinista siguen hasta hoy adoptando dicho ritual, aunque en forma simbólica).
C- En este caso, se debe de tomar la Palabra de Jesucristo, en sentido literal. (Al menos así lo creemos, pues así nos lo enseña Nuestra Iglesia Católica).

Y con respecto a la situación en que quedamos frente al sacrificio de Nuestro Señor:
A- "Jesucristo vino al mundo para cumplir (en lugar del pecador) la ley que el ser humano jamás pudo, ni puede guardar, pues con sus solas fuerzas, el ser caído, no puede hacer más que pecar" (Palabras textuales de un pastor luterano)
B- El hombre queda redimido por la expiación de Cristo, pero

depende de sus obras su salvación. Tradición católica.

C- El Creador ha establecido el "decreto" de salvar a unos (los elegidos, los santos) y condenar a otros. Según Calvino.[51]

Podemos notar las dificultades que asedian al individuo que decide anular el valor de la fuente tradicional, la cual ha venido trasmitiéndose vía práctica y oral, desde la generación apostólica hasta nuestro tiempo actual. Notamos también lo contradictorio e impío que se vuelve aquel que intentare asumir un papel de preceptor de la Iglesia, y edificar una religión nueva, con la sola base de sus razonamientos, procedentes de la especulación mental. Lutero al juzgar que toda acción humana esta perturbada, omite la Natividad del Señor, complacida alegremente en el seno materno de la Virgen (dulce y perenne por donde se la quiera apreciar). También, englobar al género humano con el rótulo de maldad, desmerece las dignidades ofrecidas por la Divina Providencia a personajes como: David, Moisés, María (Madre de Dios), San Juan (Bautista) etc. y desfigura por completo la realidad. Tanto para Lutero, como para el resto de los protestantes, nuestra voluntad de obrar depende de la intimidad del individuo con Dios, es decir que nuestra voluntad está atada a Dios o a Satanás. Mientras que en la doctrina católica (siempre más prudente y consoladora) importan mucho en el hombre su manera de obrar. Esta visión fatalista e irremediable del pecado sin opción a indulto, no es nueva, ya la divulgaba Pelagio[52]en el siglo V, y no procede, sino de la incapacidad en reconocerle a la Iglesia y su potestad de gracia para poderlos remediar.

---

[51] Cfr. R. W. Horton and H. W. Edwards, op. cit., pag. 19-25

[52] Heresiarca, que influido por el paganismo celta, creía en la santidad de ciertos hombres elegidos. Negaba que el pecado de Adán pueda haberse transmitido a su descendencia.

VI
Fobia al papado.

Hechos de los Apóstoles XX, 28. "Tened cuidado de vosotros mismos y de toda la grey sobre la que el Espíritu Santo os a puesto como obispos para apacentar la Iglesia de Dios, que adquirió con su Sangre."

¿No habrá establecido nuestro sapientísimo Señor, un tribunal superior o una corte magisterial, para decidir autoritativamente, todas las controversias que puedan sucintar a través de los siglos los falsos profetas? Y esta organización, que mantuvo unido al rebaño de Jesucristo hasta hoy ¿no necesita de un jefe principal o una cabeza?

Fue Jesús y no Roma, quien estableció el primer rango de jerarquías dentro de la Institución que nos heredó, al manifestarle su infalible voluntad a Simón con acertada elocuencia: "Desde ahora, Tú eres Pedro (que quiere decir piedra) y sobre esta piedra edificaré mi Iglesia y las puertas del infierno no prevalecerán contra ella."[53]

Es evidente que la Iglesia primitiva tuvo un pastor y jefe después de Cristo (como vínculo visible de su unidad). Y si esto fue necesario en un comienzo, cuando los fieles eran poco numerosos, ¿cuánto más imprescindible debe ser hoy, que su Iglesia está extendida por toda la tierra?

En efecto, la historia demuestra que los apóstoles transmitieron a su siguiente generación, la misión recibida por Jesucristo, con obispos que los reemplazaran y diáconos que los sucedieran.

Es consabido que a mediados del primer siglo de la era cristiana, en medio de una gran persecución judaica y al morir apedreado Santiago "El menor", quedaba como obispo de Jerusalén San Simeón; también San Policarpo había sido constituido por los Apóstoles como Obispo de Esmirna, y las primeras designaciones de los sacerdotes no cabe duda, que en Hchs XIV, 22. y Rm XVI, 1. de ello

[53] San Mateo XVI, 18.19.

se hace referencia.[54]

Así, con el Papa (como sucesor de San Pedro) y los Obispos (heredando la autoridad de los Apóstoles) se ha continuado gloriosamente hasta hoy esta piadosa tradición, la cual nos congrega al Cuerpo de Dios, con la siempre grata recepción de bondadosos padres y madrecitas profesas.[55]

Lo más extraño, es que los primeros en reaccionar contra la autoridad del Papa, fueron siempre las monarquías colonialistas, y los dictadores fraudulentos, que solo han sembrado en este mundo divisiones y guerras ¡Vean no más quienes le critican públicamente o de forma encubierta! Dictadores perennes (que sobre el uniforme de zorra llevan un rótulo falso de mecenas); maestros y comunicadores frustrados, borrachos propensos a los bares y a las fiestas; eruditos de disparatadas ciencias, judíos, masones y calaveras; madres de la lágrima, sin hijos que las quieran.

¡No se debe ceder ante la apostasía! Su rencor no es contra el Papa, sino en contra de la religiosidad, el ritualismo, de la tradición, la gente etc. ¡Ellos son enemigos de todo, en cuanto no les convenga!

Si les hiciéramos caso, y aboliéramos el ministerio de Roma, al poco tiempo pedirían también que cerremos los templos, luego, que demos de baja a los sacerdotes, para acabar cumpliendo su sueño, y ver al fin destruida por completo a la Iglesia.

Mas, si se suprime la autoridad del Papa, se acaba la unión, ya no

---

[54]San Juan XXI, 15 Pedro definitivamente es el primero en su categoría por el pedido expreso de Jesús: "Apacienta mis corderos." Y este liderazgo siempre estuvo claro para los Apóstoles. En San Mateo X, 2 y San Marcos III, 16 se lo designa precisamente como el primero: "He aquí el nombre de los Apóstoles: el primero es Simón, llamado Pedro." En San Marcos XVI, 7, también el ángel ordena a las piadosas mujeres vayan a comunicar la Resurrección del Señor a sus discípulos y a Pedro. En esta mención especial de Pedro, deja clara su dignidad de jefe en el colegio apostólico.

[55]Según Harnack (famoso teólogo protestante) se calculan en unos 1500 los obispados existentes al comenzar el siglo IV, y todos ellos estaban en comunidad con el Obispo de Roma, reconocido por transmisión, como cabeza de todos. Enciclopedia U. IGLESIA pag.157

sería Pedro y sus sucesores el pilar de la Iglesia de Cristo, y ésta, sin cimientos, simplemente se desmoronaría como un castillo de arena.

Aparte ¿Qué tienen que opinar en forma despectiva sobre el papado los cristianos dispersos, que han decidido quedarse afuera?

Los acuñados por el liberalismo teológico, el resentimiento político, y todas aquellas hermandades evangélicas, frustradas en lo que a convergencia dogmática respecta.

El protestantismo por no querer admitir la autoridad del Papa, se ha visto obligado a crear tantos "Papas" cuantos pastores proféticos han abierto nuevas iglesias. Ya no deben respeto al Papa, pero inclinan la cerviz ante el yugo del Estado y de aquellos políticos que les sustentan.

Imaginen si rehusáramos al papado, como ellos quieren ¿no nos arrojarían a nosotros también en un abismo de anarquía y al mismo desorden institucional del resto de las sectas?

La corrupción dentro de toda institución, repetimos, va siempre acorde a la mundanizarían de la época. Sin el papado (que es un organismo vivo, la cabeza que juzga, ata y desata todo lo concerniente a su Iglesia) viviríamos en el desconcierto, al igual que los protestantes y el resto de las congregaciones modernas. Más esto no puede ser así, porque está en juego La Palabra de Dios. Esto definitivamente no puede suceder, por el poder de Jesucristo y de su promesa.

Infalibilidad y santidad.

I Corintios VI, 2 y 3 "¿No sabéis que los santos han de juzgar a este mundo? Pues si el mundo ha de ser juzgado por vosotros ¿no seréis dignos de juzgar las menudencias (internas de la Iglesia)? ¿No sabéis que hemos de ser jueces hasta de los ángeles? ¿Cuánto más de cosas mundanas?"

¿Dónde se vio jamás, ley sin autoridad que la interprete? ¿En qué país, el más libre, se deja que cada uno atienda a las leyes como quiera? El oficio de interpretar fielmente la Palabra de Dios, oral y escrita, ha sido encomendado al magisterio vivo de la Iglesia.

Dichos funcionarios, no pueden estar por encima de La Palabra, sino a su servicio, para enseñar lo revelado de manera auténtica. Así, por mandato divino, con la asistencia del Espíritu Santo, estas almas dedicadas: la escucharon y leyeron devotamente, la custodiaron celosamente, la explicaron fielmente y de acuerdo al depósito sagrado, propusieron sus interpretaciones para el provecho de los fieles (siendo hasta el siglo XVI muy bien aceptadas, sin que nadie disienta de ellas).

La fórmula de "infalibilidad" es alentada por el Señor en favor de dicho colegio apostólico: "A ti te daré las llaves del Reino de los Cielos, y quedará atado o desatado en el Cielo, lo que tú atares o desatares sobre la tierra."[56] Esta, es una concesión de invulnerabilidad, sobre las cosas sagradas, otorgada a la autoridad suprema, (aunque en realidad se supone, que para analizar el poder divino, no hay mortal que tenga competencia).

Sin la gracia de esta potestad, se entraría en duda del dogma y penetraría confusión en la mente del creyente. Por eso se recomienda a los fieles, participar humildemente del sacrificio y de las celebraciones, demostrando obediencia, que si acaso estuvieran por exceso desvirtuadas, no podrían causarle daño a nadie, de ninguna manera.

Y con esto no pretendemos que al Sumo Pontífice se lo tenga por infalible, pues entendemos que cuando él hace (como teólogo) cualquier declaración personal, lo que diga o escriba, no pasa de ser opinión de escuela. Nadie podrá aducir, con prueba histórica cierta, que algún Papa, obligatoriamente haya definido como dogma de fe, algún error o capricho que se le haya venido a la cabeza.

Dicho don, o promesa de infalibilidad atribuida a la Iglesia, tampoco tiene que ver con el carácter moral del Papa, quien con sus defectos, como todo ser humano también puede caer en error. ¿Acaso no pecó hasta el propio San Pedro al negar al Señor? Mas,

---

[56] San Mateo XVI, 19.

por medio del arrepentimiento y la penitencia, igualmente Su Santidad, puede usar eficazmente los mismos medios de salvación que cualquiera.

Así y todo, quizá haya temas dogmáticos dentro de la práctica católica, que puedan ser debatibles para quienes solo tienen como guía la Biblia. Pero la herencia de la procesión apostólica nos confirma, que son muy auspiciosos todos los usos sacramentales adoptados por Nuestra Iglesia.

En cuanto a sus ritos y disciplina, debido a que Nuestro Señor Jesucristo no le ha dejado explícitamente ningún código de derecho, Ella es totalmente libre de adoptar lo que le parezca conveniente, según las necesidades sociales de la época. Y cada vez que la Iglesia defina un nuevo dogma, no estará revelando una nueva verdad, pues al definirla no hace sino, dar resolución definitiva sobre su existencia.

Si recientemente se ha lanzado alguna, es debido a la prudencia de sus Concilios, que mas bien se han demorado esperando el momento adecuado en expulsarla; y crean, así le ha ido bien, pues nunca ha tenido que retractarse de ninguna de ellas.

No hay que horrorizarse sino beneficiarse de esto, ya que sus edictos están siempre sujetos a las enseñanzas de los Apóstoles: Romanos XII, 2. "No os conforméis a este siglo, sino transformaos por medio de la renovación de vuestro entendimiento, para que probéis cual es la buena voluntad de Dios, agradable y perfecta."

Veámoslo de esta forma: también siempre estuvieron las leyes de la naturaleza, mas, por ser tan rica y abundante en maravillosos tesoros, de a poco se han ido descubriendo todas sus bellezas.

Por eso decimos, que es un derecho legítimo de la Iglesia, así como lo es para un científico, el descubrir los misterios de la ciencia, el extraer del depósito del Evangelio las verdades reveladas, a la medida y al tiempo de su asimilación, para enriquecimiento de su culto y para regocijo de los feligreses, quienes siempre aguardan sus piadosas proclamas, abrazándose cándidamente a

sus románticas verbenas.
Entonces la Iglesia, a manera de un cuerpo vivo, también se va renovando, y después de intensos y a veces prolongados estudios, declara con certeza nuevas Verdades de Fe, las cuales insistimos, antes de ser oficialmente promulgadas, por supuesto que ya existían en la revelación divina, y en la tradición evangélica, solo que por no constar como verdades fundamentales, no había obligación de creerlas.
En estos siglos en que los protestantes se mantuvieron separados de la Iglesia Católica, alegremente se han elevado a la máxima categoría religiosa varios dogmas, que son aceptados por todos los fieles como una regla. No así los renegones de siempre, que con gran furor y poca educación histórica, le acusan desde afuera, de haber añadido a su constitución doctrinas nuevas.

Estas definiciones son por ejemplo: la Asunción de María, reconocida oficialmente a partir de 1950. La Inmaculada Concepción,[57] de gran aceptación popular y felizmente anunciada desde

---

[57]No hay que confundir la Purísima Concepción de María, con su divina maternidad, pues son dos misterios diferentes.
Grandes teólogos, obrando de buena fe, quisieron disimular el protagonismo de Nuestra Señora en su papel co-redentor, pues parecía ir contra la única mediación de Cristo, pero fue inútil ante el cariño popular. Los orígenes de la fiesta del 8 de Diciembre se remontan a los siglos VII y VIII en oriente. Y para Occidente ya vemos que se comienza a celebrar desde el siglo XI. Aunque se universalizó en los siglos XIII y XIV, y por su puesto aumentó su solemnidad a partir de la definición dogmática de 1854.
Cabe destacar, que al celebrar nuestro pueblo, las distintas etapas en la vida de María, lo que hace es glorificar e inmortalizar sus divinos pasatiempos, siempre tan íntimos en la vida del Señor. Por ejemplo, la Virgen Candelaria, no es más que la Virgen María, representando aquel misterio de la Purificación en el templo. Los vestigios más remotos sobre la fiesta de la Candelaria, ascienden a la Mesopotamia y Palestina. Se sabe también que en Jerusalén, por el año 400 de nuestra era, ya se hacía homenaje a este hecho trascendental, alentando toda una procesión de fieles que acostumbraron cargar consigo las célebres candelas.

mil ochocientos cincuenta y cuatro. Y la infalibilidad del Papa, tardíamente reconocida desde mil ochocientos setenta.

Si los protestantes consideran este enriquecimiento del culto, como artículos adicionales o ajenos a la fe original, por haber sido definidos modernamente, deberían reprochar también el reconocimiento a la divinidad de Jesucristo de forma idéntica, pues fue definida en el año trescientos veinticinco; o la divinidad del Espíritu Santo, que no fue promulgada sino hasta el año trescientos ochenta.

Fobia por la Virgen y por los Santos.

Philemon I, 5. "Oyendo la fe que tienes en el Señor Jesús y tu caridad para con todos los santos."

Si dentro del empleo apostólico universal, desde el origen mismo del cristianismo se le viene rindiendo sus debidos homenajes a la Madre de Dios ¿Qué valor puede tener quince siglos después, la negación proveniente de bases tan arrogantes e insidiosas?

La duda que ha sembrado por el mundo el Protestantismo, encausando en un problema personal con la Virgen, sus diferencias

---

La solemnidad que quizá haya recibido mayores críticas de la apostasía, fue la de la Asunción de María, que se celebra todos los 15 de Agosto como fiesta de precepto. Este aborrecimiento del dogma de la Asunción de María, parecería ser de concepción puramente hebraica, sin cabida en la conciencia cristiana, (que no esperaría menos para la Madre de Dios), pues ellos saben que hasta el propio David sufrió la muerte y corrupción de su cuerpo, igual que los demás, y les aterra la idea de dicho privilegio para Nuestra Señora. Pero la Iglesia se basa en la creencia tradicional y en fuente de la Biblia: Hechos de los Apóstoles XIII,35. "No permitirás que tu santo experimente la corrupción." Y no hay más santa que María, por ello se le dice: La Santísima.

políticas, culturales e ideológicas, nos lleva a replantear ¿Es Ella en verdad santísima o pecadora?

En respuesta a esto, cabe recordar que de las entrañas de María toma carne solamente el Hijo de Dios (La Segunda Persona de la Trinidad). Entonces, como la teología nos enseña, donde está una de las tres, están del mismo modo las otras dos Personas, decimos que en el seno de María habitó la Santísima Trinidad toda.

Esto quiere decir, que si el alma de María no es divina por esencia, se diviniza indudablemente por participación en la gracia del Espíritu Santo, y se santifica precisamente mediante esta unión tan poderosa. Negar tal cosa, sería como dudar de la divinidad del Sagrado Niño, solo porque pasó desapercibido en su juventud, entre el resto de las criaturas, llevando una vida como cualquier otra.

Por eso creemos, que a Nuestra Reina elevada del Cielo, nadie tiene que agregarle ni quitarle méritos. Tampoco tiene necesidad de ser redimida, porque cuenta con el respaldo absoluto del Supremo (aunque su Hijo, el mismo hijo unigénito de Dios, como perfectísimo redentor, tranquilamente podría haber operado en favor de su amada progenitora).

Esto (aunque la Biblia no lo especifique) es creencia tradicional dentro de la Iglesia, la cual, con su autoridad deduce y cree fielmente, que aquel tabernáculo sagrado, en donde "Dios hizo cosas fabulosas", no puede estar sujeto a la misma condición del resto de los hombres, de ninguna forma.

¡Y Sepan! Quienes queriendo manchar su virginidad, le imputan otros hijos, aparte de Jesús. Que en tal caso, a éstos les hubiera sido lícito acompañarla en el tormento del Vía Crucis, y no a Juan, quien permaneció a su lado, al pie de la cruz, hasta última hora ¡Obvio que no tuvo más hijos! o ¿qué les hace pensar que renunciaría al premio de ser la escogida entre todas las Hijas de

---

[58] Los protestantes suelen citar estas palabras de S. Mateo XIII, 55. para imputarle más hijos

Adán, como Madre del Dios reencarnado? ¿Eso no sería malograr semejante honra?[58]

Ya San Ignacio, discípulo de San Juan y Obispo de Antioquia, escribía a los cristianos de Éfeso sobre la virginidad de Nuestra Señora, como uno de los tres misterios sonoros que se cumplieron en el silencio de su gloria.

Si acaso se le puede atribuir más hijos naturales a María, es por un milagro de Jesús, quien en su última voluntad, le confirió la responsabilidad sobre un apostolado (de momento huérfano) desconsolado y sin figura conductora. Es claro que esta maternidad espiritual de María, sobre todo cristiano apostólico, tiene raíces más profundas que las de un tributo voluntario o de una donación simbólica. Pues no fue una recomendación pasajera la del Señor Jesucristo desde la Cruz, sino una declaración del Hijo, en momentos del suplicio, en donde no había espacio para que salgan comentarios intrascendentes de su boca.[59]

Por eso, los católicos creemos que María adquirió dos hijos: el uno con su sangre, el otro (nosotros) por adopción. Que trajo al mundo a Jesús, por medio de su santísima naturaleza, pero a su vez nos alumbró a todos espiritualmente, con el vehículo de su amor y gran misericordia.

---

a la Virgen María, y así deshonrar el crédito de virgen eterna. "Por ventura ¿no es este el hijo del artesano? Y su madre ¿no se llama María? ¿No son sus hermanos Santiago, Simón y Judas?" Pero ellos ignoran que antiguamente se llamaba de "hermanos", a familiares lejanos y hasta a los vecinos de la misma aldea. Además, es consabido que: "caminando un día Jesús por la ribera del mar de Galilea, vio a los hermanos Simón (Pedro), y Andrés, echando la red en el mar (pues eran pescadores)" Pedro era de Bethsaida y Jesús, de Nazaret. Santiago, primer Obispo de Jerusalén, también fue llamado, por antonomasia "hermano del Señor" y esto no significa nada, igual de desviados andaban los fariseos al juzgar a Jesús.

También suelen usar los protestantes lo siguiente para humillar la autoridad de María: San Mateo XII, 46. "Y todavía estaba platicando al pueblo y uno le dijo: tu madre y tus hermanos están allí afuera preguntando por ti." Pero seguro que Jesús, con su respuesta,

Eterna enemistad entre la Mujer y la serpiente.

Proverbios VIII, 22-31. "El Señor me tuvo consigo al comienzo de sus obras." "Cuando formaba los Cielos ahí estaba yo" y ahora "me regocijo en la parte habitable de la Tierra, y mis delicias son con los hijos de los hombres."

¿No es acaso la serpiente el agente original de la discordia?
Y en efecto, según el Génesis ¿no es La Gran Mujer su destructora?[60] Si el cometido de aquella serpiente maligna era confundir a la Madre carnal de los hombres (Eva), para apartarla indefinidamente del yugo del Padre, hoy notamos que así mismo la medusa del Protestantismo, tienta a la desobediencia de igual forma.

Sino ¿por qué están obsesionados en opacar cualquier virtud sobrenatural de la Virgen, negando que haya sido concebida en la idea eterna del Padre, como ceno y Madre del Verbo? (puesto que así lo cree la Iglesia por tradición apostólica).

---

no quiso desmerecer los méritos de su madre, sino más bien, reprender la interrupción del observador impertinente (que en su ocasión de chusma e incrédulo le cortó en medio de sus parábolas, probablemente sintiéndose ofendido por las recriminaciones de Jesús hacía a los judíos) ¡No era ninguna novedad que esté cerca su madre con alguno de sus discípulos! ¿Acaso no lo estuvieron siempre? Aparte, que hacer plausible la presencia de tan ilustres personajes, ocupando en la sala un puesto privilegiado al lado del Señor, hubiera sido contradecir sus propias palabras: "Los últimos serán los primeros."

[59] San Juan XIX, 26.27. "Habiendo mirado Jesús a su madre y a su discípulo amado, el cual estaba allí, dice a su madre: Ahí tienes a tu hijo. Después dice al discípulo, ahí tienes a tu madre."

[60] Génesis, III V, 15. "Yo pondré enemistad entre ti y la Mujer, y entre tu raza y la descendencia suya: ella quebrantará tu cabeza, y andarás acechando a su calcañar."

¿Por qué difaman abiertamente su alabanza acusándola de idólatra? Si Ella, solo encausa sumisamente el cariño en dirección a Él, y los creyentes así lo entienden. Solo a Él se le adora solemnemente en cada ritual, aunque sí, tenemos la costumbre de celebrar esporádicamente Misas en su honor y su memoria.

Pero nunca se ha escuchado a alguno de nuestros sacerdotes decir, por ejemplo: "Yo ofrezco este sacrificio a ti Virgen María" u "¡oh Pedro, tú eres el cordero que quita el pecado!" ¡No! No es a Ella, ni a los Apóstoles a quienes se ofrece sacrificio, sino a Dios, que los gobierna y corona.

Si la Virgen María (igual que los Apóstoles) es gloriosamente apreciada en la cristiandad universal, se debe a su naturaleza co-redentora, a su ejemplo de fidelidad y pureza, dones que Dios quiso concederle y no fueron inventados en algún Concilio a disposición de Roma.

Así, como instrumento de nuestra salvación y medianera de gracia, merece ser elevada con alguna distinción por encima del resto de las personas. De ahí que todo el desprecio y calumnias infringidas sin medida en su contra, no hacen mella en la piadosa y esclarecida grey católica, que bien entiende: María no necesita coronación humana, pues posee el beneplácito del Altísimo Hacedor de todas las cosas.

¡Por supuesto que van a estar en contra de la Virgen María! Si Ella les estorba. Ella es la base del arbitrio, una roca atravesada en medio del sinuoso camino de los protestantes, quienes en su discurso oficial pregonan: que todos los hombres están condenados a vivir pecando, transitando eternamente sobre una senda oscura, sin posibilidad de remediarlo por medio de acciones piadosas ¡Por supuesto que su modelo y sus misterios les desconcierta y les choca! Pues, es digno apreciar, que no entra la chusma, ni las sectas en los alrededores del pueblo que Ella se posa.

Y claro está, no se trata de cualquier persona ¡hay que seguir sus pasos a lo largo de la historia! Fue Ella quien conoció al Redentor en sus entrañas; quien le trajo nueve meses en su vientre; le alimentó y le libró de las fieras persecuciones que en su infancia padeció; Ella es la más fiel y pura de las devotas.

También fue capitana, de la carabela que descubrió América, primera misionera evangelizadora. En gracia a esto, una multitud de topónimos en América, bendiciendo ríos y ciudades, llevan el sublime nombre Nuestra Señora.

Y, si Dios está con la Virgen ¿Quién se anima a estar en su contra? No pudieron con la hermosa Guadalupe, los conquistadores blancos de la legión española. Ni con la Caridad del Cobre, o la Virgen de Regla, los comunistas que desde el comienzo de su gesta, intentaron arrasar en Cuba con todo vestigio de tradición y cultura religiosa. Más asombroso, es que cuando los turcos se apoderaron del majestuoso santuario de Santa Sofía (en Constantinopla) para transformarlo en mezquita, no se animaron a tocar los mosaicos de la Virgen María con el Niño, y hasta hoy permanecen circundados por dantescos murales otomanos con los nombres de Alá y Mahoma. Tampoco tuvieron fuerzas los "gringos" para demoler en la tierra que desolaron, siquiera, una sola teja del templo de Nuestra Señora de Los Ángeles, que aun aguarda nuestro concurso, en la seca y mustia California.

Fobia por Roma

San Mateo XIII, 15. "Porque ha endurecido este pueblo su corazón y ha cerrado sus oídos y tapado sus ojos a fin de no ver con ellos ni oír con los oídos, ni comprender con el corazón, por miedo a que convirtiéndose, yo le dé la salud."

¿Quien quita, que volviendo a aferrarse a su fe original, algún día los protestantes, logren ser hasta mejores cristianos que nosotros mismos?

Entendemos que no es en todos los casos su culpa, pues tal comportamiento desidioso depende mucho, de la mala voluntad de algunos antecesores, quienes les han mal enseñado o han trastornado la historia tradicional, hasta llegar a denigrar nuestros ritos. Mismo, el de achacarnos un origen románico, puesto que nuestra sede se oficializó en Roma, 300 años después de Cristo.

Ésta, por supuesto es una gran mentira, y cualquiera que estudie un poquito del tema, notará que los primeros años de la Iglesia se desarrollaron solamente entre judíos, y en verdad, la gran parte de los santos precursores, nunca habían estado siquiera en Roma, ni tampoco tenían intención de copiar algo de su culto idólatra, tantas veces condenado por Jesucristo.

Quienes le atribuyen directamente a las huestes del imperio románico la institución de la Iglesia Católica, no solo se han perdido algo de historia, sino que les hacen una gran ofensa a los Apóstoles, arrojando por la borda todo el esfuerzo evangélico de sus discípulos. O acaso ¿alguien puede vincular a la Religión Católica con nombres como Pilatos, Herodes, Félix y Nerón?

Éste, parece ser más bien un cuento mal intencionado, muy difundido hoy especialmente entre las sectas de Estados Unidos. Deben saber que si Roma se convirtió en el centro y cabeza de la Iglesia Apostólica, es debido a que en Jerusalén no habría logrado jamás prosperar el cristianismo. Y no fue, sino la repulsión y hostilidad de los judíos (quienes fueron los primeros convidados en formar parte del cristianismo) el detonante que provocó tan maravillosa expansión misionera, sembrando en los corazones abiertos del mundo antiguo, la flor del sentimiento evangélico, que simplemente marchitó sobre aquellas áridas tierras en donde encarnó el Hijo.

Es más, los Apóstoles, mientras su comunidad se organizaba, permanecieron en Tierra Santa, y no rompieron con la Sinagoga inmediatamente sus vínculos, a pesar de que allí, sufrieron de crueles maltratos y humillaciones por creer en la Divinidad de Cristo.

En gran forma, se conservó el proceder de las leyes mosaicas dentro de la nueva Iglesia. Más bien, dicha separación con la Sinagoga fue lográndose de a poco, mientras se iba destilando la personalidad y la convicción de la nueva congregación, que finalmente iría definitivamente a abandonar la mezquina hermeticidad hebraica, para abrazarse a la universalidad del Catolicismo.

En aquel tiempo, Roma toleraba muchas religiones, de hecho, en esta "capital del mundo", se rendía culto a diversos dioses (incluso a Isis y Ra, de Egipto). Y si bien los cristianos en la Roma de los césares, por tener la osadía de negarse a adorar a los dioses del estado romano, también eran torturados y perseguidos, irónicamente, fue allí donde tuvo mayor auge la doctrina y donde hubo un mayor número de gentiles convertidos. Los judíos tampoco reconocían los dioses romanos, pero no eran una amenaza para el Estado, puesto que no lo decían, a diferencia de los cristianos, que vivían convirtiendo, evangelizando y haciendo proselitismo.

Desde allí, la Iglesia en sus primeros años, resistió a la represión de las autoridades romanas, teniendo hasta que ocultarse bajo criptas subterráneas para poder celebrar el culto que Nuestro Señor les había instruido.

Esta nueva doctrina religiosa, se diferenciaba del resto, por sus méritos de superioridad racional y por su alto alcance social, pero especialmente, porque Dios la había instituido para triunfar por sobre cualquier enemigo.

Durante el reinado de Nerón, crucificaban a San Pedro en el año 67 de la era cristiana, y así perduraría esta casería cruel y sangrienta en contra de los cristianos, a lo largo de un par de siglos.

Para entender la magnitud de seducción y la magia de esta magnífica transformación (augurada de ante mano por Jesucristo) basta recordar un pasatiempo épico, del año 313 (cuando todavía los emperadores conservaban el título de Pontífices máximos).

En aquel tiempo, precisamente en la guerra de los marcomanos y por ventura de Dios, se salvaba toda una legión del Ejército Real de la muerte, incitando una conversión masiva de las huestes romanas, inclusive del propio emperador Constantino. En ese mismo siglo, se levantaba la Iglesia de San Pedro, para albergar la tumba del mártir; y el imperio adoptaba como religión de Estado, esta nueva doctrina Universal o Católica, ocupando el lugar que antes tenía el paganismo.

Más tarde, San Ambrosio lograba influir en Graciano, para que, por primera vez, el emperador cediera el derecho político que poseía sobre la Iglesia, logrando el catolicismo de este modo, afianzarse a nivel institucional en la capital del mundo antiguo.

Así, se le daba a la nueva religión el rango de influencia que merecía y con su ramificación desde el Ganges, hasta el extremo occidente de Europa y desde Escocia hasta el desierto de Sahara, volvía urgente la necesidad de consagrar una mayor cantidad de sacerdotes y obispos.

En aquella iglesia donde estaba depositado el cuerpo de San Pedro (como era de imaginarse) se establecía el papado. Y La Basílica de San Pedro, pasaba a ser el centro religioso más importante del mundo católico. Solo para dejar en claro, que la decisión estratégica de montar en Roma su sede episcopal, no ha sido por anhelo humano, sino que fue un designio divino.

VII

La Iglesia y las "iglesias".

San Mateo XV, 13. "Toda planta que mi Padre celestial no ha plantado, arrancada será de raíz."

¿Cuál es la diferencia entre Nuestra Iglesia (fiel heredera de las revelaciones) y el resto (que se basan en las decisiones de reformistas impíos)?[61] La nuestra es tradicionalmente rica, viva, libre, romántica, social, frondosa y abundante en beneficios. Las demás, no tienen reconocimientos, historia, uniformidad, ni logros más que los personales; son raquíticas, pusilánimes y precarias en lo que respecta al rito (es una pena que los protestantes ya no vean a la Iglesia como la vemos nosotros, a modo de Cuerpo Místico).

Iglesias Católicas, se han venido erigiendo desde el comienzo del cristianismo, tenemos templos en pie con cerca de dos mil años, en cambio ellos, abren y sierran sus carpas como si fueran circos.

La continuidad discipular de Roma, desde la muerte de Pedro, se sigue desarrollando ininterrumpidamente, con su respectiva autoridad jurídica y con su representante pontificio. Ella es la única con sucesión apostólica vigente para el universo cristiano, y es la

---

[61] Por ejemplo la iglesia bautista fue fundada por Juan Smyth; la metodista por Whitfield; la adventista por William Miller. Las llamadas de reavivamiento por predicadores populares de Estados Unidos. La mormona por José Smith; Los Testigos de Jehová por Taze Russell; la Iglesia Espírita está basada en los libros de Allan Kardek, las luteranas en las profecías de Lutero, las anglicanas son herencia de Enrique VIII, y la nuestra, La Católica, a pedido de Jesús, con la orientación de San Pedro ¡Gran diferencia! ¿Verdad?

responsable de dirigir celosamente el Rito de Comunión con el Padre, que nos heredó el Verbo Divino.

Mientras los separados, soberbiamente, adaptaron la fe a su cultura y modo de vida, por no entender que la religión, sin un dogma asentado con firmeza, se transforma en sentimentalismo, (o acaso, en fanatismo). De ahí que ya perdieron la noción sobrenatural del servicio. Para ellos es igual si oficia el sacerdote, un barbero o un policía; juntarse en casa, en el bar o la oficina les da lo mismo, pues al reusarse a las ceremonias corrientes, han anulado el valor del Sacrificio.

Aparte, por no querer aprovechar la fuente de tradición oral transferida por los santos discípulos, se quedaron sin más alternativa que rogar por un progreso doctrinal, enhebrando teologías dialécticas de conceptos metódicos y especulativos, bien a la medida de los pueblos prácticos, superficiales y vacíos.

Y aún, lo más importante, es que la Iglesia Universal Apostólica posee garantía del Cielo, al descender en sucesión discipular desde la época de los Apóstoles, a quienes el propio Jesús les refirió: "Como el Padre me envió, yo también los envío."

En Cambio a los independientes ¿Cuándo les ha dado Nuestro Señor autoridad alguna? ¿Quién les garantiza que en ese proceso de fusión (inyectado en gran parte con la hiel de los temerarios Lutero y Calvino) aún gocen institucionalmente de poder legítimo? Si estos protestantes tuvieran al menos el ego a la altura de su criterio, o fueran tan piadosos como lo son de ricos, entenderían lo que Gandhi quiso decirles al examinar la tendencia anglosajona, de convertir a la fuerza y por medio del colonialismo: "¡Tus cristianos son tan diferentes a tu Cristo!"

Y ahora ¿Quién les devolverá el gusto y el calor, si se hayan vuelto fríos e insípidos? Acaso su inteligencia para los asuntos financieros ¿les ayudará a eludir castigo a la hora del Juicio?

¡Qué vergüenza que son todos ellos para el Cristianismo!

Sus muy esforzados misioneros solo sembraron en Oriente mayor recelo y suspicacias, al no encontrar excusas que respondan a la pregunta: "¿Por qué los cristianos, si adoran al Dios de la Verdad, entre sí, viven divididos?"

Con el ejemplo que dan ¿Qué clase de burros irán a evangelizar? Se preguntará también la Iglesia Ortodoxa de Oriente, la cual, en cada Concilio Ecuménico que preside, anda como gallinita, corriendo detrás de sus polluelos, tratando de acomodarlos en su sitio.

En dichas asambleas para Grupos Protestantes Unidos, lo más eficaz que se puede hacer, es orar uno por el otro, para así fortalecer la confianza en sí mismos ¡Nuestra Iglesia debería asistir a alguna! Para enseñarles y para escuchar cómo se justifican frente a la Iglesia una: ¿Acaso Jesús no predicaba igual, a pesar de la obstinación de los judíos? O al menos podría ser útil prestando su hombro, para que lloren y se consuelen de todas sus frustraciones acumuladas a lo largo de los últimos cinco siglos.

Porque, si en ese torbellino de liberalidad y dentro los Consejos Mundiales se concluye que: basta tener fe y poseer como libro de cabecera a la Biblia, para considerar a cualquier secta errante y ambulante, como subdivisión cristiana de algún tronco primitivo, entonces sí, puede ponerse al mismo nivel de la antigua Iglesia tradicional, tanto a cuáqueros como a los descarados santeros de Cuba, dispersos por doquier en el exilio.

Para concluir, si los protestantes no ven como un pecado su actitud separatista, y antes que someterse al gobierno de la Iglesia Apostólica, prefirieren mantenerse al resguardo del Estado, simulando plenitud de gracia por medio de métodos empíricos; nosotros los fieles tenemos la obligación de hacerle justicia a Jesucristo ¿Y cómo? Esclareciendo a nuestros hermanos flacos en la fe y a los dudosos, para que no se los lleve la corriente fría del protestantismo, que serpentea y tiene tantos canales que a la larga, se enturbia, se vuelve dudosa de beber, acarrea irreligiosidad e individualismo.

Hay muchas iglesias aguardando ganar prosélitos, y todas ellas prometen tener la verdad, como ya hemos visto. Así que mejor tener cuidado y prepararse, entrenar el espíritu, para jamás ser sorprendidos. Pues los fieles, son como los competidores de una carrera: Todos corren, pero no todos ganan. Así se lo expresaba San Pablo a los naturales de Corinto.[62]

Iglesia fuera de la Iglesia.

San Juan XV, 4. "Permaneced en mí, que yo permaneceré en vosotros. Al modo que el sarmiento no puede de sí, producir frutos sino está unido a la vid, así tampoco vosotros, si no estáis unidos conmigo."

Intentar polarizar a los cristianos es su instinto vital de sobrevivencia, pues solo pueden crecer acaparando adeptos de la Iglesia Madre.

A aquellos quienes fomentan cualquier discordia entre correligionarios, acaso ¿Cristianos merecen se les llame?

Si hacemos un poco de memoria: Nuestra Iglesia, a diferencia de la Sinagoga se fundó, originalmente, para unir en su ceno a todos los fieles, sin importar origen, género ni bases culturales. Fragmentar este nudo fraterno, pareciera es el principal objetivo de los protestantes. Dando origen a una rebelión religiosa que divide a la Iglesia en comunidades sectarias, dichosas de vivir libres, prácticamente en el aislamiento, con sus propias doctrinas, frutos de sus verdades personales.

Si analizáramos detalladamente a cada una de estas pequeñas células cristianas, carentes por completo de uniformidad y de ritos ceremoniales, notaríamos que se mueven más bien a modo de clubes sociales ¿Este es el único logro de la Reforma? Solo pueden estar orgullosos de ello, y gracias a su practicidad hoy también, cualquiera puede fundar un ministerio y volverse un pastor, pues les es casi tan fácil como juntar el dinero y abrir un restauran-

[62] I Corintios IX, 24.

te. Ellos aparentan una fanática obsesión por la Palabra, pero no sienten sincero amor por el Redentor, quien no quisiera ver a su grey disgregarse. De igual modo aunque fomentan las enseñanzas de Cristo, no siguen el ejemplo, pues rechazan a sus discípulos y su legado (al que fielmente se sujeta la Iglesia Católica Universal sin renunciar ni desviarse) ¿Qué más podemos agregar de la negligente idea de independizarse? Simplemente que Jesús por su puesto, jamás ha predicho y mucho menos fomentado cosa semejante.

Una religión para cada cristiano.

San Mateo VII, 22 y 23. "Muchos me dirán en aquel día del juicio ¡Señor, Señor! ¿Pues no hemos nosotros profetizado en tu nombre, y hecho muchos milagros lanzado en tu nombre los demonios? Mas entonces les contestaré: Jamás os he conocido por míos, apartaos de mí operarios de la maldad."

Y todo esto promete seguir igual, cada uno por su lado, aunque la Iglesia condena la separación del cuerpo místico de Cristo, basándose principalmente en la doctrina del Apóstol Pablo.

Mas siempre y cuando ofrezcan una garantía fehaciente de fidelidad a la ley de la Nueva Alianza, y tengan adeptos satisfechos con las garantías sacramentales que éstas ofrecen, tienen todo el derecho de permanecer en la Viña del Señor (aunque poquito a poco, al igual que sarmientos se vallan secando). Pues como les ha advertido nuestra ardorosa y sabia Iglesia: Desde el momento que se atreven a romper con la sucesión apostólica, y deciden levantar una Iglesia en paralelo, es de esperarse, que comiencen a padecer una pérdida de la propia esencia, convirtiéndose en un Sacramento en juicio, en Oficio dudoso y alterado. Ésta es una deficiencia común entre todas las sectas, aunque lo traten de contrarrestar suponiendo una unidad en el Espíritu Santo.

Ellos se ven como una rama del tronco de la Iglesia de Cristo, mas nosotros disentimos con ello, pues no se admite como doctrina de Cristo, a aquellas ajenas, y mucho menos contrarias a la dignataria de la sucesión genuina ¡Qué desfachatado el autoproclamarse así después de injuriar a la raíz de todo fruto evangélico, llamándole: "La cola del diablo", cuando ellos no tienen más armas que puras teorías maduradas y nacidas de un proceso, como producto del ingenio, la ilusión o el carisma de algún teólogo aficionado. Si cada uno decidiera crear una religión a su medida, entonces habría una rama por cada cristiano.

Imagínense a aquellas ramas ilusionadas por ver al sol, peleando todas contra todas. Sólo lograrían alejarse día a día de la raíz y acabarían por ocultar entre su desordenada maraña, toda la fisonomía original del árbol.

Respeto por quien administra los Sacramentos.

Deuteronomio XVII, 9-12 "Iras a los sacerdotes...les consultarás y te harán conocer lo que es conforme al derecho. Según la Ley que ellos te enseñen y según la sentencia que habrán pronunciado harás, y no te apartarás ni a diestra ni a siniestra de lo que te mostraren."

Aunque todos los cristianos fueron convidados a formar parte del pueblo de Dios, las diferencias jerárquicas que el Señor quiso proporcionar a cada uno de los miembros de su Escuela, sirvieron a la unidad y al logro exitoso de su cometido.

Quien lea el Nuevo Testamento, notará que entre los seguidores de Jesús, desde el comienzo hubo quienes se limitaron modestamente a creer en Él y a participar de su doctrina, mientras otros se ligaron definitivamente a la causa, rompiendo las relaciones con su familia y entregando todos sus bienes materiales, para sumarse a la misión salvífica de la Iglesia, por amor y vocación al servicio.

De ninguna manera, este sacerdocio oficial de la Nueva Jerusalén (establecida por Jesucristo) podía cesar después de la muerte de los Apóstoles. Por supuesto que no, porque Jesucristo instituyó los medios de salvación, no solo para los tiempos apostólicos, sino hasta la consumación de los siglos.[63]

Teniendo la certeza de que los embajadores pleniponciarios del Cielo eran seres mortales, todos los poderes investidos en ellos, es claro que tienen que haber sido cedidos por derecho discipular, en los años sucesivos. Hoy, ya no son sólo doce los Apóstoles, sino muchos más, pues son muchas más las necesidades del siglo. De hecho, consta en la escrituras, que los Apóstoles en vida, ya nombraron sus auxiliares cuando no dieron abasto a confesar y bautizar a todos, ellos mismos.[64]

En relación a calidad de licitud, comúnmente se exige al ministro de un sacramento, Estado de Gracia, por aquel principio de que las cosas santas deben de ser tomadas santamente. Este enviado del Señor, nunca habla ni obra por mérito propio, sino en virtud de la condición y autoridad de quien le ha escogido. Y luego de adoptar dicha condición, instantáneamente deja de tomársele como un miembro de la comunidad, para pasar a ser un funcionario del Cuerpo de Cristo. Es decir, si con los ojos de la carne debemos ver en el sacerdote a un hombre común, con los ojos de la fe debemos ver en él al representante de Dios Altísimo.

Ya que con Dios nos confesamos, cuando nos confesamos con el sacerdote, y Dios es quien nos perdona cuando nos perdona un sacerdote consagrado al Oficio Divino.[65]

En verdad, entre los separados no existe una autoridad oficial, que confiera a los pastores consagración activa para ejercer dicho oficio (por eso les basta a cada uno de ellos con estudiar teología

---

[63] San Mateo XXVIII, 19 y 20.

[64] Romanos XVI, 1. "Os recomiendo nuestra hermana Phebé, la cual está dedicada al servicio de La Iglesia de Cenchrea."

[65] San Juan XX, 23. "Quedan perdonados los pecados a aquellos a quienes los perdonáreis, y quedan retenidos a los que se los retuviereis."

por cerca de tres años y listo). Aunque en verdad, específicamente, no hay ningún reglamento que impida ejercer este elevado ministerio, a ningún particular. Basta con levantar su propia Iglesia, ser avezado en el trato, la comunicación; ser conocedor de La Palabra o simplemente, ser un hombre respetado entre los vecinos.

Los protestantes saben que nadie puede concederse a sí mismo la misión de anunciar el Evangelio, y mucho menos preceder con honores ningún tipo de rito, por eso es que han decidido sustituirlo.

Así es que hoy, que no tienen auténticos sacerdotes, ni verdaderas iglesias, inventan acusaciones contra los creyentes católicos, solo para desviar la atención en sentido contrario de sus propios desatinos.

Por ejemplo, ahora dicen que Nuestra Iglesia incita a desobedecer La Palabra, debido a que rechazamos lo que enseñó Jesucristo: "A nadie llaméis Padre Nuestro en la tierra, porque uno es vuestro Padre que está en los cielos".[66] Pero nada le reprochan a San Esteban, que llamó de Padre a Abraham,[67] en su discurso de Jerusalén poco antes de sufrir el martirio. Mismo, que empezó con estas palabras delante del príncipe de los sacerdotes y demás miembros del Concilio: "Hermanos y padres míos"...

Si hoy, ellos ven esto como una gran ofensa en contra de la Divina Providencia, es debido a que no saben apreciar la piadosa labor que desempeñan los sacerdotes (a modo de padres espirituales) e ignoran que dicho apelativo fue muy utilizado para nombrar a los patriarcas de a nueva Iglesia, en un comienzo del cristianismo.[68] Acaso, el Apóstol Pablo, cuando exhorta a su discípulo Timoteo a predicar intrépidamente el Evangelio ¿no le llama de:

---

[66] San Mateo XXIII, 9 y 10.

[67] Hechos de los Apóstoles VII, 2.

[68] (Padres en la fe) y de igual modo Pedro en: Hechos de los Apóstoles capítulo III, 13 les llama así: "El Dios de nuestros padres, Abraham, Isaac y Jacob, ha glorificado a su Hijo Jesús, a quien vosotros habéis entregado y negado en el tribunal de Pilatos, juzgado este que debía ser puesto en libertad."

mi muy amado hijo?[67] Y también recordemos que utiliza la frase: "mi verdadero hijo en la fe", al referirse a Tito. Por otro lado, San Pedro llamaba de hijo a su discípulo Marcos[68] y San Juan, a los primeros cristianos da el nombre de: "Hijitos míos." Por eso es lógico concluir que estos también eran llamados de "padres", por sus discípulos.[69]

En fin, en todo este melodrama (tan común derivado de los reformistas de la nueva escuela) seguramente también se demandará que se les retire el reconocimiento de "padres de la humanidad" a Adán y a Eva; e igualmente a los "padres de la patria", a los padres en la fe etc. Y por ende, con ese argumento, hasta a nuestros propios padres naturales ese derecho les sería ilegítimo.

Precisamente viene la discusión debido a su mala interpretación del versículo en mención, pues quien lo hiciera honestamente notaría que Jesucristo, en esos momentos, solamente quiso reprimir el orgullo de los escribas y fariseos, que se vanagloriaban de ser llamados Rabbi (padre, maestro) frente a todos los judíos.

Aparte ¿Cuándo han visto esos protestones (quienes por todo arman escándalo) que la Iglesia obligue a alguien a llamar de una u otra forma a sus presbíteros? Pues al religioso suele llamársele de Cura y hasta de usted (todo de acuerdo a la intimidad que tenga con éste, cada individuo). Y si nuestra gente acostumbra tal denominación, es debido al respeto y al cariño.

No haciendo más que reconocer el esfuerzo de estos hombres que sirven a toda hora a la comunidad, pues con paciente devoción viven absortos y dedicados a su trabajo, en sus respectivos pueblos, instruyendo en La Palabra, asistiendo a los moribundos, administrando los Sacramentos y celebrando el Sacrificio.

---

[67] II Timothéo I, 2.

[68] I Pedro V, 13.

[69] I San Juan II, 18.

Pastores impostores.

San Juan X, 1. "El que no entre por la puerta en el aprisco, mas sube por otra parte, es un ladrón, un salteador."

En el Antiguo Testamento, Dios transmitió un minucioso código de leyes ceremoniales y litúrgicas, con los cuales quería ser reverenciado. Y por aquellos tiempos, era a los levitas a quienes se había confiado el servicio del templo. Ellos eran los únicos autorizados para realizar el Ministerio Sagrado.

A pesar de su corrupción, Jesús fue claro, al exhortar a los judíos a que tomen los signos visibles y las enseñanzas morales de la Sinagoga, sin fijarse, ni imitar la conducta personal de quienes estaban a cargo.[70]

Hoy, a los protestantes, no solo se les está privando de la autoridad y la experiencia del prelado, sino que además, disimuladamente han trastornado los hábitos originales de la liturgia, y esto es un gran pecado.[71]

Los ritos de la Iglesia contribuyen a mantener felices y unidos entre sí a los hombres. Las leyes ceremoniales pueden ser para algunos, como una medicina amarga que le presenta el médico a su paciente, para poder levantarlo. Pero quien está, en este caso curando, como autoridad debe demostrar siempre un comportamiento ejemplar, pues nunca tendrá éxito el doctor que enseñe a dejar de fumar, si él mismo es un adicto al tabaco.

En lo que al sacerdocio respecta, es igual, el oficiante debe de estar bien curtido por los códigos morales y espirituales, antes de poder pararse frente a un altar. Por eso Nuestra Iglesia, no re-

---

[70] San Mateo XXIII, 1-3.

[71] Deuteronomio XVII, 9-12. "Quien dejándose llevar de la soberbia, procediera sin escuchar al sacerdote...será castigado con pena de muerte."

comienda, ni siquiera, la instrucción religiosa a manos de laicos.
"¿Está enfermo alguno de vosotros? - Al respecto comenta el Apóstol Santiago - Llámese a los ancianos de las iglesias y que éstos oren por él, ungiéndole en nombre del Señor".[72]
Véase, como en este versículo, se recomienda a los ancianos de la Iglesia (que en aquellos tiempos eran a quienes los Apóstoles habían confiado el sacerdocio) y no a cualquier personaje ordinario. No hay nada ilógico ni difícil de entender en esto ¿verdad?
De repente, lo incoherente, es ver que los gringos encarguen a un lego común y corriente de la comunidad, el empleo de los Rituales Religiosos, cuando dicha misión ha quedado siempre reservada (desde que el mundo es mundo, y en todos los rincones del hemisferio) a la persona dedicada al servicio eclesiástico.
Esto parecería hasta irrespetuoso, o ¿en qué civilización universal se ha visto, que haya sido celebrado el sacrificio religioso a manos de un pescador, un alguacil, o por el propio monarca soberano?
Entre tanta confusión sembrada intencionalmente por los pastores, se ha pintado a todo en referencia a la condición católica como un ejemplo malo. Ellos mismos viven inculcando tanto desprecio por nuestra doctrina, que cuando descubran que tienen la obligación de unir a sus prosélitos con la Iglesia "Madre", les será casi imposible lograrlo.
Hasta pareciera increíble el poder de convencimiento que tienen sobre su rebaño ¡Bien puesto tienen el nombre de pastores! Pues, presumiendo estar llenos del Espíritu Santo, llevan directo a la faena a su ganado. Y son precisamente, como aquellos que disimuladamente se nos intentan colar en las filas de las tiendas o de los pagos. Se hacen su negocito predicando. Pero si acaso fueran tan carismáticos ¿Por qué no estudian en un Seminario?
Pues, definitivamente se atrae mayor cantidad de chusma y se hace dinero más rápido, abriendo iglesias fraudulentas ¡Total, hoy

---

[72] Santiago V, 14.

lo único que se necesita para ello, es tener una banda de música y un escenario!

Por su puesto que los pastores de las sectas callejeras, no querrán recargar las conciencias de sus prosélitos, pues solo tienen la intención de conseguir la mayor cantidad de seguidores. Y saben, que las regulaciones y restricciones solo conseguirá alejarlos (la gente más simple y con una precaria educación religiosa, solo se ven atraídas por el exhibicionismo barato).

Todavía, lo más difícil de entender, es que haya quienes se precien de ser amantes de la Biblia y se animen a impugnar el celibato. Éste es un requisito clave para quien decida encaminarse en el piadoso oficio, pues: "El que no es casado anda pendiente de las cosas de Dios y en lo que ha de agradar a Nuestro Padre Santo."

Se puede decir que aunque los Apóstoles recomendaban la castidad perfecta, no imponían como obligatoria esta norma, pero está claro que: "el que tiene mujer, anda afanado en las cosas del mundo, y en cómo ha de agradar a la mujer"- esto mismo juzgaba el gran Apóstol Pablo-.

VIII

La religión de la imaginación.

Deuteronomio XIII, 3. "No escucharás las palabras de aquel profeta forjador de sueños, por que el Señor vuestro os prueba para que se haga patente si le amáis o no con todo vuestro corazón y vuestra alma."

Los dogmas declarados por la Santa Iglesia Católica, se proclaman luego de someter a las Sagradas Escrituras a un minucioso estudio, por parte de sus más eminentes doctores. Y posteriormente son propuestos para nuestra creencia.

La misma fundación de la Iglesia, tuvo como uno de sus objetivos principales esa delegación, para conservación y transmisión íntegra de la Revelación (sin la cual, el cristianismo hoy probablemente no existiera).

Se le considera un hereje, a aquel difamador que (mismo recibiendo aquello impulsado como verdad revelada) intenta impugnarlo y desafía a la autoridad religiosa con pertinencia. Pues si fuera potestad civil, imponer cualquier calumnia doctrinal al público ¿entonces para que se ha creado el magisterio de la Iglesia?

Por supuesto que Lutero y Calvino no fueron los primeros con esta informal postura, de querer desbaratar todo el estudio y los anuncios conciliares, desarrollados en el momento oportuno, por las autoridades convocadas legítimamente para analizar tan delicados temas.

Podríamos remontarnos a las épocas primeras de la Iglesia, en donde encontraríamos también a pensadores como Arrio y a Orígenes (muy fuera de su empleo) intentando imponer polémicas ideas. Ambos ubicaban erróneamente al Hijo de Dios, como un subordinado del Padre, por no saber distinguir en las tres Personas Divinas (Padre, Hijo y Espíritu Santo) una sola y única esencia. Otro heresiarca de nombre Pelagio, influido por el paganismo celta, exponía públicamente su santidad y la de ciertos hombres elegidos, mientras que también negaba, que el pecado de Adán pueda haberse transmitido a su descendencia.

Para el siglo XVI, esta confusa mezcolanza de doctrinas, unidas al Sabelianismo y al Fatalismo, daba origen a la nueva Iglesia Protestante, la que tuvo desde un comienzo a teólogos rigoristas; libertinos y unitarios en una verdadera guerra. Nacía allí, la alocada filosofía de Lutero, quien de repente, salía a desmentir la promesa de Cristo: de estar y permanecer con los suyos hasta el final de los tiempos.

Recordemos que también fue él, quien primero proclamó a la fe, como única regla de Salvación, transformándose de este modo, en una especie de profeta.

Por otro lado Calvino, quiso salvar el escollo, atropellando, todo principio de humana libertad. Este reformador habrá sido quien despertó mas siega adhesión entre sus seguidores, y no por sus acertados conceptos de la Revelación (pues en ellos se manifiestan toda una amplia variedad de errores teológicos) sino probablemente porque propuso una firme oposición contra la Iglesia vigente, provocando falsos anhelos de libertad e independencia.

¿Pero cómo no llamar de herejías, a todas estas doctrinas que se han diseminado por el mundo cristiano, sembrado confusión y controversia? Pues, imaginen si estuviéramos exigidos a acatar los obstinados razonamientos de Lutero. Quien lo único que ha confirmado a lo largo de su carrera, es que: la inteligencia no depende del tamaño de la cabeza.

Solo basta analizar el fruto de sus obras, y de sus partidarios para darse cuenta: ¡Si no admiten siquiera el cargo de Pedro dentro de la Institución de Cristo! Desvinculan a las Sagradas Escrituras de la Iglesia (que precisamente es de donde provienen) y las entienden según su juicio personal de conciencia, (adhiriéndolas en parte, a la palabra profética de los reformadores) tomando distinto camino, al que los Padres y Santos de Nuestra Iglesia aconsejan. Y todavía ¡como serán de necios, que por negar la victoria de Cristo, en materia humana y sacramental todavía esperan recompensa!

¿Cuál será el problema de esta gente tan orgullosa? Pues no hay nada que les haga entrar en razón. En verdad, todo este absurdo es tan ilógico, como de repente llegar a casa y decirle a los hijos: ¡Chicos, de ahora en adelante no crean en nada de lo que se les enseña en la escuela!

La grey católica no debe alarmarse con el trato de los escandalosos protestantes. Pues, siendo malos como son... ¿Será posible que hablen cosas buenas? Aparte ya de antemano Nuestro Señor nos alerta: "es forzoso, que aún hasta herejías existan, para que se descubra entre nosotros, quienes poseen una fe verdadera."[73]

Que las sectas, hoy desconozcan el origen apostólico de Nuestra Iglesia, ignorando el carácter divino de Ella, no significa que estamos herrados en nuestra doctrina, ni mucho menos es ésta, una señal explícita del Cielo, pues protestones y escandalosos abundan en esta era.

Más bien debemos seguir conservando la tradición heredada, comunicándola, enriqueciéndola y protegiéndola hasta que termine el ciclo temporal pre-establecido por la Divina Providencia.

¡Y sepan todos los cristianos! Que las facultades de Nuestra Iglesia (en conformidad de la promesa divina) no podrán ser atenuadas por la difamación y mucho menos por la calumnia; ni por dinero o por la fuerza. Aunque conjuren contra Ella, todos los poderes de la tierra.

---

[73] Corintios XI, 19.

El gran pecado de los protestantes.

Santiago II, 14-19 y 24-26. "Hermanos míos ¿Qué aprovecha a un hombre el decir que tiene fe, si no tiene obras? ¿Podrá la fe salvarle? Tú crees que Dios es uno, haces bien, también los demonios creen y tiemblan... El hombre es justificado por las obras y no solamente por la fe...como el cuerpo sin espíritu esta muerto, así también la fe sin obras está muerta."

A raíz de La Reforma Protestante, se les ha hecho creer a los cristianos separados, que la santificación llega a inundar el interior del hombre por medio del Espíritu Santo, y que esta bendición proviene del Cielo con el vehículo único de la fe, sin necesidad de sacrificios humanos. Mas, si los Apóstoles acostumbraron celebrar los Sacramentos, tal cual hoy lo viene desarrollando la Iglesia Católica. ¿Qué les hace pensar que Jesús enseñó lo contrario?

No entienden que dichos signos sensibles, para que al fin causen algún efecto en el interior del individuo, exigen respuesta personal. No son éstos, de ninguna manera un don mágico, ni mecánico. Pero todo el trabajo que se haga con el afán de persuadirlos, parece ser en vano, como darle música a oídos sordos. Sus antecesores les han inculcado tanto desprecio por nuestra cultura religiosa, que antes de verlos rectificarse, seguramente preferirán hundirse abrazados a su orgullo, en lo profundo del fango.

Obviamente, la nueva generación de protestantes no acarrea con la falta de sus padres (los cuales quisieron ser libres sin caer en conflicto con los dones de la Iglesia, que el propio Dios le ha dado). Ni les pesa todo aquello, que sus ascendientes puedan haber dicho, hecho, o deseado contra la grey católica en el pasado.

Aunque sí heredaron su facultad para disimular cualquier transgresión de La Palabra y de los preceptos de Dios. Pues precisamente, al contraponer las enseñanzas de Nuestro Señor, con las obras y enseñanzas de los Apóstoles, cometen el más grave de los pecados.

Si fueran tan aplicados en la fe, como lo son de cuidadosos a la hora de amasar fortunas, jamás hallarían contradicción entre Cristo y su Iglesia, o entre Jesús y su apostolado. Aunque por lo visto, hoy intentan poner en contrasentido las Palabras de Jesús-con las afirmaciones de Pablo.

Veamos: Si este gran ciervo de Dios, alguna vez afirmó lo siguiente: "Por Gracia está y no por obras, la Salvación" fue sólo, refiriéndose a los judíos, quienes a pesar de actuar rigurosamente según la Ley, no tuvieron la gracia de ver en el nazareno, al Dios encarnado.

Pero Nuestro Señor en ese tema no deja dudas, pues fue muy claro: "ES PRESISO SEGUIR LOS MANDAMIENTOS PARA SER SALVOS" y sobre esto mismo nos confirma San Mateo: "El Hijo del hombre vendrá en la Gloria de su Padre con sus ángeles y entonces dará a cada cual según sus actos."[74]

Parece un defecto de improvisación en sus pioneros y hoy es una particularidad entre todos ellos: tomar de las enseñanzas de Jesús, solo lo que les conviene (pues una verdad, toda, completa; vuelve más controversial la legitimidad de su estado).

Hacer caso omiso a la continuidad del orden sacramental se ha vuelto más cómodo. Y para poder subsistir, es de orden primario anular la autoridad sacerdotal del Colegio Apostólico, con su representante y su orden jerárquico.

Sin otra culpa, que la de seguir a sus padres, hoy con la sola fe y la sola Gracia de Cristo, justifican todo, hasta el cisma.

Si en realidad el Espíritu de Verdad (como ellos creen) es quien los aconseja, más les valdrá arrojarlo. Pues, no logrando uniformidad de doctrina, en los siglos que llevan de permanencia, solo prueban que esa voz interior es un producto de su imaginación y no obra del Espíritu Santo ¿Qué señal habrán recibido, para elogiar a ese consejero babélico, que sirvió a la causa de enemistad entre todos los cristianos? ¿No es más factible pensar, que mismo Espíritu de Verdad (que prometió enviar Nuestro Señor)[75] fue

---

[74] Corintios XI, 19.

quien impulsó la regia consagración tardía de la Purísima Concepción y Asunción de María, la cual se mantuvo en vilo por tantos años, produciendo su lanzamiento gran gozo en todos nuestros sinceros feligreses y parroquianos?
Sepan disculpar, y no es pesimismo, pero parece que el anhelo de los protestantes, de intentar formar una iglesia fuera de la Iglesia, se seguirá postergando.
Creemos que su caso, se asemeja en mucho al de unas abejas: que pretenden disfrutar de la miel, lamiendo la parte de afuera del recipiente en donde se lo mantiene a dicho brebaje resguardado; es obvio que solo le es lícito disfrutar del néctar de su interior, al dueño, único con el poder y el derecho de destaparlo.

Condicionando a Dios a la razón.

Corintios II, 14. "Por que el hombre animal no puede hacerse capaz de las cosas que son del Espíritu de Dios, pues para él todas son una necedad, y no puede entenderlas, puesto que se han de discernir con una Luz Espiritual." (que no tienen)

Otra grave falta, es alentar a utilizar la conciencia reflexiva para analizar los misterios sacrosantos, alegando que Dios, puro y perfecto, le brinda una percepción directa al ser apagado, mediante la Luz del Conocimiento Revelado. Pero esto suena a fantasía, pues es más o menos, como concederle el don de profecía a todos los cristianos.
Dios nos brinda el discernimiento de la razón como herramienta, para llegar a conocer y juzgar, todo lo relacionado con el uni-

---

[75] San Juan XVI, 13. "Cuando venga el Espíritu de Verdad, Él os enseñará todas las verdades."

verso creado. Pero, si la base de la Nueva Alianza (la cual nos revela diestramente la esencia de la condición humana frente a la Divinidad) acaso tuviera conceptos meramente materiales, no habría habido necesidad de que El Señor en persona, tenga que descender a nuestro mundo a enseñarnos. Pues tranquilamente cualquier sabio; científico, o hasta un simple maestro, con los instrumentos de la ciencia a la mano lo podría haber logrado.

Así como un empleado bancario, siempre antes de ejecutar cualquier transacción, debe atenerse a las indicaciones sugeridas por el fondo financiero, para no correr el riesgo de hacer una transacción bancaria incorrecta en perjuicio del cliente o del propio banco. Del mismo modo, el buen cristiano, por más inteligente y diestro que sea, siempre le debe respeto y observación a las recomendaciones y enseñanzas que la Iglesia hace por su propio bien. Ir en contra a ellas, no solo sería imprudente, si no que se ve claramente como una actitud muy opuesta a la humildad característica del verdadero cristiano.

Definitivamente, no es cosa fácil la interpretación de la Biblia, la sola lectura apartada, especialmente en ciertos pasajes (si no se cuenta con la guía adecuada) puede causarle inevitable confusión, hasta al teólogo más experimentado. Aparte, si el propio Lutero reconocía que "la razón es la fiera bestia a quien hay que degollar"[76]entonces ¿cómo se le ocurre luego, exhortar a sus seguidores a interpretar las escrituras utilizando el juicio privado?

Es evidente, que los protestantes viven contradiciéndose continuamente, aparte de condenar con esta estrategia, a aquellos quienes no tienen clara conciencia del método de Salvación (porque no entienden correctamente aquello que leen, o porque su tiempo de lectura, debido al trabajo y los quehaceres, es muy limitado).

Y si no, observen lo siguiente: Al utilizar el razonamiento para analizar estas palabras del Señor:"A donde yo voy no podéis venir vosotros"; "Yo me voy y vosotros me buscaréis, y vendréis a morir

---

[76] Compendio de historia de La Iglesia, Página 482. Martín Lutero.

por vuestro pecado"[77] Sin ayuda de la fuente corriente de tradición, pues interpretaríamos que Dios, por haber despreciado y maltratado a su Hijo, nos tiene definitivamente condenados.

Del mismo modo, un investigador empírico y existencialista, usando su juicio y conocimiento en historia, también podría toparse con un grave inconveniente, al querer descubrir al misterioso adversario, que individual o colectivamente (antes de la segunda venida de Cristo) intentará apartar de su fe a los cristianos.

Pues supuestamente la personalidad que encarnará al Anticristo, por deducción debe de ser de origen semítico, ya que procedentes de esta etnia, siempre surgieron sus mayores adversarios.

Pero, al juzgar de ese modo, se daría otro traspié, pues definitivamente el peor enemigo del cristianismo, está dentro del propio cristianismo; los hermanos judíos tan solo fueron "un instrumento" ya que al matar al Cristo, solamente lograron inmortalizarlo.

Recordemos que del mismo modo, el prodigio de la inteligencia fue "piedra de tropiezo" para el pueblo hebraico ¿Y no creen que lo sería también, para aquellos quienes juzguen desde afuera lo incoherente de nuestra creencia? La cual encuentra sobrados motivos para adorar a un Dios Todopoderoso, que a su vez fue capturado, abandonado y crucificado. A lo que vamos, y aquí seguro todos coincidiremos: Ya es suficientemente ilógico, que la Suprema Personalidad, haya decidido tomar un cuerpo perecedero, después de haber condenado la concepción corporal al Pecado.[78]

Con todo esto, definitivamente queda comprobado, que no es

---

[77] San Juan VIII, 21.

[78] Y con esto no decimos que haya que volverse criaturas irracionales, Nuestro Señor desea salvarnos, como seres libres y racionales, por eso Él exige alguna cooperación de nuestro lado.

prudente intentar comprender los elevados designios del Señor, ni es sensato, tratar de condicionar el poder ilimitado de Dios, con nuestra comprensión y nuestro entendimiento limitado.

Blasfemia contra la Sede Apostólica.

San Mateo XII, 32. "Quien hablare en contra del Espíritu Santo no se le perdonará ni en esta vida, ni en la otra."

Si realmente la Iglesia que estableció Cristo se corrompió y se prostituyó, dejando de testificar por Nuestro Señor (como alegan los evangelistas de las sectas ambulantes) entonces Jesús engañó a sus discípulos o el Espíritu Consolador no quiso llevar a cabo la obra que Jesús comenzó. Aunque, es más factible, que todo el exagerado melodrama de la mitad separada a la Iglesia oficial, sea para provocar aversión en las masas y para hacer ver como una suerte de bendición, el accidente de la separación.

Igualmente, los católicos agradecemos todos sus insultos infundados, que nos representan como unos tontos manipulados y seducidos por el aparente sostén de la perdición. Ellos, pretenden revocar el noble trabajo de los Padres más eruditos, constituyéndose los nuevos jueces de la Revelación. Y ni siquiera se les pasa por la cabeza, que quizá, la sugerencia de ubicar en Roma a la Sede Apostólica, haya descendido directamente del Sumo Hacedor.[79]Mas, de todas formas anuncian temerariamente, que el Vaticano encarna el papel de la Babilonia del Apocalipsis, siendo ésta

[79]I San Pedro V, 13. "La Iglesia que, escogida por Dios como vosotros, mora en Babilonia, os saluda, y mi hijo Marcos". San Pedro, desde la Roma cesarista y anticristiana escribe esta epístola, certificando el tema y no dándole cabida a ninguna clase de infamia.

la responsable de toda la distorsión.
Aclaremos que Babilonia fue centro de un vasto imperio, el cual por algún momento de la historia llegó a dominar en Asia.
Dicho nombre estuvo perfectamente acomodado para aquella impía civilización, pues su denominación deriva del hebreo babel y su significado sería más o menos lo mismo que "confusión."
En época de los Apóstoles, también se figuraba por "La Segunda Babilonia" a aquella Roma pagana de los césares, que por un par de siglos persiguió al pueblo neo-testamentario de Dios.
San Juan en las revelaciones, predice su ruina,[80] le atribuye la muerte de sus mártires; le presenta como a una mujer embriagada de sangre, y describe sus pasadas grandezas curtidas de oro, inmundicia y fornicación.[81] Por eso, creemos que se refería a la Roma imperialista, y no a la Roma conquistada por la mística Iglesia de Cristo, ni al Vaticano de hoy. Pues entendemos que:
Ya establecidas las relaciones entre la carismática Iglesia y el Estado (sólo gracias a la piedad de la primera) se fueron transformando saludablemente las instituciones civiles del gran imperio; se suavizaron las penas; los sacrificios de los dominados y se le brindó a toda la sociedad, cristiana educación.

El augurio de San Juan predice claramente la caída del imperio romano. Pero sin embargo los protestantes, con la pequeñez de su espíritu, barrocamente saturado de egoísmo, atinan a la Verdad, ridiculizando a los hombres más eruditos de la Iglesia, quienes en su prudencia y humildad, no se animaron ni siquiera a opinar. Por ejemplo, San Dionisio (maestro y director de la escuela catequética de Alejandría y Obispo de la misma, que vivió 200 años después de Cristo) decía: "Estoy persuadido de que el Apocalipsis es tan admirable como poco conocido, porque a pesar que yo estudie y no entienda sus palabras, conozco que en su profundidad encierra gran sentido"

[80] Apocalipsis XIV, 8. "Y otro ángel le siguió, diciendo: Ha caído, ha caído Babilonia, aquella grande ciudad, porque ella ha dado á beber á todas las naciones del vino del furor de su fornicación."

[81] Apocalipsis XII, 4,5 y 6.

Al resguardo de sus templos, fue precisamente donde corrieron a refugiarse los romanos que primeramente le aborrecieron, mientras su ciudad era saqueada y quemada por los bárbaros. Y podríamos augurar, que allí mismo será donde, súbitamente los protestantes, también irán a terminar a la hora de recobrar el camino. ¿Y cuando será esto? Nadie lo sabe, pero sin duda, cuanto antes mejor. Pues imaginen, si hoy nuestra Iglesia se mantiene plena y dichosa, como llamarada viva de la obra redentora (a pesar de sus calumnias y de sus discrepancias) ¿Cuánto más lo será aquel día de la conciliación?

Pero mientras tanto, persuadidos por su propia arrogancia, carentes de conocimientos en historia y con la cínica intención de insultarnos, algunos miembros de las más estrafalarias sectas, suelen ubicar a la Roma cristiana en tal obscura personificación.

Dicha blasfema injuriosa, confusa e incoherente contra la Sede Apostólica de Roma, parece una burla a la dirección de la primera campaña evangelizadora, la cual tuvo siempre como base fundamental: La iniciación de Nuestro Señor.

También omite las razones básicas, que establecieron su asiento en un lugar estratégicamente perfecto (teniendo en cuenta que al instaurarse, se deseaba ser portavoz celestial del mundo antiguo) desde donde fielmente se mantiene hasta el episcopado actual, en digna sucesión.[82]

---

[82] San Agustín en su epístola 53 escribe: "Si la sucesión de Obispos es tomada en cuenta, cuanto más cierta y beneficiosa la Iglesia que nosotros reconocemos llega hasta Pedro mismo, aquel quien portó la figura de la Iglesia entera, pues El Señor le dijo: "Sobre esta roca edificaré mi Iglesia, y las puertas del infierno no prevalecerán contra ella!"

Quien sobreviene en lugar de Pedro fue Linus, y luego en orden de sucesión ininterrumpida fueron estos: Clemente, Anacleto, Evaristo, Alejandro, Sixto, Telesforo, Higinio, Aniceto, Pío, Sotero, Eleuterio, Victor, Ceferino, Calixto, Urbano, Ponciano, Antero, Fabián, Cornelio, Licio, Esteban, Sixto, Dionisio, Felix, Eutiquiano, Cayo, Marcelino, Marcelo, Eusebio, Miltiades, Silvestre, Marcos, Julio, Liberio, Damaso, y Siricius, cuyo sucesor es el presente Obispo Anastasio."

Entre merced y señoría.

San Mateo XI, 25: "Yo te glorifico, Padre mío, Señor del Cielo y la tierra porque has tenido estas cosas encubiertas a los sabios y prudentes de este siglo y se las has revelado a los pequeñuelos."

Ningún individuo puede llegar a la iluminación espiritual por medio de un proceso que él mismo haya manufacturado. Es una vana ilusión y un defecto común entre los protestantes, el creerse autosuficientes, y con el deber de hacer valer su derecho a opinar, hasta en temas que no atañen a la razón ni a la especulación mental. Si acaso, estas ideas reformadoras ayudaran a favorecer la convergencia entre los cristianos, podríamos decir que tienen algo provechoso, pero de la manera cismática que actúan, solo traen más consecuencias negativas que positivas, y entretanto corrompen La Palabra con su libre examen de los Textos Sagrados. También dividen las opiniones, atenúan el convencimiento incrementando la desconfianza y conduciendo a la irreligiosidad.

Por eso, quien desee sinceramente una guía espiritual fidedigna, enfocada en las enseñanzas de Jesucristo, le recomendamos se acerque a la institución apostólica adecuada, aquella que al menos garantice genuina sucesión discipular.

Todo experimento basado en la lectura y el ensayo personal, es infructífero para la credibilidad del dogma. La devoción cristiana, consiste en seguir las enseñanzas de Cristo. Nadie puede inventar su propio ritual. Y cualquier interpretación racional que desglose la Biblia está de más. Pues, si bastara tan solo con tener fe para hacerse digno de dirigir una congregación evangélica; si fuera suficiente con ser inteligente o leer mucho para esclarecerse; o con creer en Dios para ser salvo: entonces ¿Cuál es la razón de ser de la Iglesia? ¿En vano Nuestro Señor se hizo sacrificar?

¿No es acaso que por los frutos reconoceréis al árbol? Tan inútil sería pedirle peras al olmo, como intentar hallar beneficio siguiendo piadosos consejos de algún pastor frustrado. Ya que Dios delegó la dirección de sus fieles, solamente a la Iglesia Universal.

Por ende, todo análisis de las Escrituras Sagradas les será infructuoso, si proviene de un erudito académico o de un especulador mental. Pues ¿que competencia puede tener un ciudadano cualquiera, para esclarecernos en los principios religiosos? ¿Todavía no lo entienden? ¡En la Ciencia Suprema[83] no hay nada que inventar!

Y ¡Por supuesto que todos quisieran tener noticias de la Divinidad! Pero es recomendable se busque esa información en la fuente inequívoca, porque cualquier explicación del Evangelio, es imaginación, suposición, meras sospechas, si no proviene de la adecuada guía espiritual.

Lo que resulta sorprendente, es tener por un lado a los intelectuales modernos, y a las sectas del "primer mundo", cegadas en la culpa de su propio egoísmo; y por otro, bien esclarecidos a aquellos hombres sencillos, que sin cátedra alguna, resurgen desde lo profundo del "tercer mundo" al amparo del fulgor celestial.

Confirmando que el perseguidor empírico de la voluntad de Dios (al creerse muy seguro e inteligente), por regla, está destinado a fallar.

Nadie podrá negar, que son verdaderamente indescifrables los caminos con los que sanciona su justicia el Señor, quien evidentemente se goza, ocultándole al sabio de genio terrenal todos los Misterios y las Glorias del mundo espiritual.

Tanto en el Nuevo como en el Antiguo Testamento se da cuenta de ello y numerosos ejemplos podríamos sacar de nuestra experiencia diaria, en la que reincide esta verdad. Como es el caso,

---

[83] El autor utiliza el término de: "Ciencia Suprema" (refiriéndose a la Doctrina Católica) debido a que es ésta, la única ciencia que ha sido obtenida mediante revelación.

por ejemplo, de los científicos, que en su necedad se creen a la altura de Dios, simplemente porque poseen un tabla periódica de elementos químicos y porque han hallado la forma de manipular moléculas tales como las de hidrógeno u oxígeno. Pero así y todo, ni una sola gota de agua pueden crear; o como los gringos, que a pesar de su gran preparación y de todo el dinero acumulado, no son capaces de garantizarles a sus ciudadanos la felicidad.

Nuestra tradición religiosa, recibida por sucesión católica, no solo ha ayudado al creyente a desarrollarse espiritualmente y ha propagado los valores morales que requiere la humanidad, sino que es rico testimonio de aquellos rituales, alguna vez consagrados por "Los Padres de La Iglesia" (y seguramente, si no se hubieran atesorado correctamente, se hubieran terminado por olvidar). Los sacerdotes son los responsables de velar por el cumplimiento de dichos procesos purificatorios, con los cuales se benefician los miembros de todas las familias, en todas las etapas de la vida.

Pero al derogar su autoridad y al no creer en la ejecución de sacrificios, esas tradiciones ancestrales se suspenden y ahí es cuando la comunidad se disgrega, adoptando hábitos independientes (perdiendo así instrumentos básicos para la Salvación Espiritual).

Evidentemente, no es suficiente creer en Cristo para llamarse cristiano, y ya hemos dado una larga lista de males en que incurren aquellos cristianos separados, los cuales se resumen en: Denigrar el Sacerdocio y la virtud de la Iglesia; menguar el crédito a los Santos que consagraron sus vidas al servicio de Dios; dividir a los cristianos con fobias y fanatismos, que a la larga conducen al desinterés, a la apatía por el credo y por su puesto, a la irreligiosidad.

IX

La Iglesia y el gobierno.

San Mateo XXII, 21. "Pues dadle al César lo que es del César y a Dios lo que es de Dios".

Siempre las personas más sabias, han dado prioridad a los intereses espirituales, por sobre los materiales. Así, del mismo modo, la potestad eclesiástica debería considerarse de cierta forma superior a la civil. Aunque, tanto el Estado como la Iglesia fueron creados para el bien del hombre, y por ello, se debe fomentar la armonía y mutuo auxilio entre ambas. Pues en concordia, estas instituciones figuran básicamente la esencia entre el cuerpo y el alma; entre la Tierra y el Sol.

Pero algunos dirán, "sí, aunque a los dirigentes del gobierno y a el jefe de Estado los elegimos nosotros, en cambio a la autoridad eclesiástica y a el Sumo Pontífice, no" o incluso "los organismos que defienden la soberanía territorial de nuestro país están por encima del Estado Vaticano, pues no podemos darle poder de influencia sobre nuestra patria a un gobierno extranjero." Pero esto también es un grave error. Debido a que Jesucristo, al establecer su base como sociedad visible, le brindó a la Iglesia autoridad universal.

Aparte, las divisiones territoriales las ha demarcado el hombre y no Nuestro Señor.

De ninguna manera, sería desubicado brindarle a la Iglesia responsabilidad política ¿Acaso, creen que la jerarquía eclesiástica podría dirigir de forma más funesta que lo hicieron los despóticos Hitler, Stalin, Castro, Bush o Chávez? Si la Iglesia no tiene acaso la misión de gobernar y santificar, entonces ¿cual es su función? En realidad, el presidente, es quien no debería jamás de gobernar (así lo recomiendan las Escrituras Védicas).[84] Su cargo es meramente administrativo, y su responsabilidad, la de trabajar como empleado del poder ejecutivo, al servicio de la comunidad y de la nación. Por eso, también creemos que en una sociedad perfecta, los temas sociales mixtos (tales como comunicación, justicia penitencial, educación etc.) deberían ser atendidos por la Santa Institución. No solo porque los canónigos suelen ser más cultos, imparciales y misericordiosos que los funcionarios civiles, sino porque la Iglesia representa para la concentración del poder, un freno y una limitación. Por eso mismo es de esperarse, que en los países afectados por la dictadura, sus opresores siempre se opongan al poder de la Iglesia e intenten dividirla, para debilitarla. Aunque en verdad, ni siquiera los reyes; emperadores y los presidentes sinceros deberían desafiarla, pues como fieles y creyentes, todos los seres humanos debemos estar sometidos (de algún modo) a la autoridad de la Iglesia de Dios.

Ningún gobernador lo haría como Jesucristo ¿en eso estamos de acuerdo? Ningún socialismo que logre unir a las mazas en un proyecto común, ya sea espontáneamente o represivamente, tiene poder de igualar la Obra de Dios. Hoy en día, especialmente en países donde el Estado ostenta absoluto control (como Cuba y Estados Unidos de América) notamos que sus autoridades utilizan el beneficio de los medios de difusión, para hacer hincapié en aquellos errores que enturbian el pasado del catolicismo y hasta tienen el atrevimiento de montar sus propias iglesias, a modo de competición. Pues ellos, en su morboso anhelo de dominio absoluto, creen obtener beneficio en la división. Con todo lo anterior, tampoco queremos decir que la Iglesia deba de tener supremacía total sobre el resto de los ministerios asignados al servicio públi-

---

[84] La literatura védica, fue escrita en lengua sánscrita, y es de las letras religiosas con mayor antigüedad en la tierra.

co, sino que en una sociedad ideal, todas las instituciones oficiales deben legislar en armonía y solemne comunión.

Habrá quienes le critiquen, nunca faltarán los que le ataquen, justa o injustificadamente, por el mal ejemplo que damos algunos católicos, pero nadie puede negar que la Iglesia santificada y bendecida por Jesús, es la única llamada a permanecer en su representación. La cual seguirá siendo Santa, igual que la ciudad de Jerusalén lo es (según San Pablo) debido a la santidad de sus patriarcas, a pesar que no sean santos sus habitantes, ni tampoco toda nuestra fiel congregación.

La Iglesia, invulnerable ante el tiempo.

I Corintios I,19 "Así está escrito: Destruiré la sabiduría de los sabios, y desecharé la prudencia de los prudentes."

Si hoy persiste la desconfianza y las recriminaciones sobre en el funcionamiento de la Iglesia Católica, significa que la práctica de sus miembros no es lo ejemplar que debería o que podría ser mejor. Quizá su doctrina tampoco haya agotado en su plenitud, toda la Verdad, y su credo no llegue hasta el punto máximo de perfección. Aunque hay que reconocer que la tarea de Nuestra Iglesia en los últimos dos mil años no ha sido nada fácil, pues le ha tocado sobrevivir entre pueblos bárbaros, codiciosos reyes, presidentes, jerarcas supremos y dictadores. Fortaleciendo y confirmando la promesa de Dios: ¡No habrá nada debajo del Cielo con fuerza suficiente para poder derrumbar lo que Él mismo construyó![85]

Por otro lado, debemos entender que la palabrería es insignifican-

[85] San Mateo XVI, 18. "...sobre esta piedra edificaré mi Iglesia, y las puertas del Infierno no prevalecerán contra ella."

te ante La Palabra; que la ciencia y la inteligencia son improductivas si carecen de piedad, y que ni siquiera ambas tienen derecho, ni volumen para aspirar a cambiar nada de nuestra religión. Solo a la Iglesia de Cristo le compete el estudiar la parte teológica de cada fenómeno social y adaptar nuestro credo a los nuevos tiempos, para aceptar luego, con responsabilidad, cualquier hecho controversial de estado público y mundial que pueda sobrevenir, salvaguardando su propia existencia como institución. Aunque, la relevancia de sus determinaciones, desde luego (pues a toda autoridad le ocurre) siempre provocarán el descontento de ciertos clanes polarizados y manipulados por grupos de influencia (políticos y humanistas anticlericales). Pero así y todo, el pueblo en su gran mayoría ha sabido valorar su sabio consejo y por supuesto acata respetuosamente cada decisión.

Entre toda la perorata (tan usual entre maestros e intelectuales de Café-concert) está devotamente el oficio de vivir recriminándole a la Iglesia, el haber sido históricamente colonialista, pero se olvidan quienes así lo testifican, que el sacerdote Miguel Hidalgo fue quien dio el primer Grito de Independencia en México, llamando a la sublevación de los feligreses y conduciendo la primera facción del movimiento insurgente, hasta el día de su ejecución. Asimismo, la fantasmagórica izquierda de Colombia, acusa a la Iglesia de derechista, ignorando que en aquel país, un curita de apellido Pérez, fue el fundador ideólogo y comandante en jefe del ELN (Ejercito de Liberación).

No faltan de igual forma en Argentina, quienes recriminan e intentan sin éxito, vincular de manera sustancial a la Iglesia Católica, con el aparato represivo de la dictadura militar, que en los años 70´s padeció aquella nación,[86] la cual supo someter, a la corriente subversiva que intentó (como en Cuba) hacer su propia revolución.

Mas esto también es una gratuita infamia, especialmente contra todos aquellos padres luchadores, como Carlos Mugica o Enrique Angelelli, quienes murieron denunciando y combatiendo a la represión. No olvidemos también la reconocida labor, en dicho periodo de gobierno de facto, del Sr. Obispo Monseñor Jaime de Nevares, fundador de la Asamblea Permanente de Derechos Humanos; y luego, en plena dictadura, del Movimiento ecuménico por los Derechos Humanos; incluso fue miembro de la CONADEP y convencional constituyente para la Reforma de la Constitución.

Volvemos a repetir: Nuestra Iglesia tendrá sus defectos, pero ha permanecido siempre fiel al encargo de su fundador. Cualquier individuo es libre de criticar (de todas maneras es gratis) pero el vituperio se toma de acuerdo a la calidad de persona de quien proviene, a su prepotencia y a su intención. Los fieles no atendemos jamás los reproches mundanos de aquellos que solo quieren causar escándalos y división. El hombre de buena voluntad, no se fija ni en las joyas de la Virgen, ni en el trono dorado del Papa, pues prefiere no distraerse en los atuendos (preparados con esmero por la feligresía) debido a la seriedad del asunto en cuestión.

Pero tampoco escatima virtudes ni beneficios para conseguir el agrado de Nuestro Señor. Así entonces, el dinero, y el patrimonio de la Iglesia ¡menos debería importarle a los decentes que critican desde afuera! Lo paradójico de todo este asunto, es que casi siempre ¡Y nos lleve el demonio si no! quienes murmuran y más se preocupan por la fortuna[87] de la Iglesia, suelen ser partidarios de ciertos regímenes, donde solo un individuo es dueño de todos los poderes y todos los caudales del Estado, sin oposición.

¡Allá ellos! si acaso deciden rehusar a las ceremonias y los Sacrificios opulentos, con iglesias devotamente ornamentadas. Seguramente lo harán debido a lo prácticos y avaros que son.

---

[86] No olvidemos que en Cuba para 1959, con el triunfo revolucionario, (antes que se formara el "Departamento América", a manos de Manuel Piñeiro, con la idea de exportar la revolución socialista por Latinoamérica) se abolió y se persiguió el culto religioso; se cerraron los templos; se expropiaron los bienes de la Iglesia (cambiándolo por el culto a Fidel Castro) y se expulsaron del país gran parte de los sacerdotes.

[87] I Corintios VIII, 1. " La ciencia, por si sola hincha, la caridad es la que edifica."

La Iglesia ante el judaísmo.

Daniel IX, 26. "Se le quitará la vida al Cristo y no será mas suyo el pueblo que le negará."

Todo el esfuerzo de la Iglesia por aunar su voz con la colectividad judía (aspirando a consumar el encargo apostólico) ha sido en vano, pues ni siquiera todo el sufrimiento acumulado y el desdén padecido a lo largo de la historia, hacen mella en su necia manera de actuar[88](y mientras insistan, en dirigirse de forma despectiva hacia Nuestro Señor Jesucristo, derogando por todos los medios su hermanazgo con el pueblo cristiano, las cosas seguirán igual).

Definitivamente, para la comunidad hebraica y su orgullo, es un golpe muy duro al amor propio el tener que rectificarse. El impulso de apego por su raza es más fuerte que por el de Dios.

Pareciera que la promesa de castigo se aliviara al amparo de la familia y del clan (que de manera mórbida defienden con celosa hermeticidad). Al igual que los norteamericanos, se siguen enemistando con todo el mundo, y creen hallar seguridad, bienestar futuro y fortaleza acumulando riquezas ¡Por supuesto que no les cuadrará jamás la doctrina del Dios que predica: "Os lo repito, es más fácil que un camello entre por el ojo de una aguja, que un rico entre en el Reino Celestial."[89] Pero, así como al crucificarle, solo le lograron inmortalizar; del mismo modo, con negarle, solo consiguen esconder la vergüenza de su nación, mil veces humillada por aquel Cristo acusado de blasfemo y usurpador del nombre de Hijo de Dios (quien a su vez profetizó su ruina, su injuria y su maldad). Hasta hoy es inútil discutir con ellos, son tan tercos como ayer, si

---

[88]Romanos. XI, 9. "David dice para ellos: Venga a ser para ellos la mesa, el lazo donde quedan cogidos y una piedra de escándalo y eso en justo castigo suyo."

[89]Mateos XIX, 24.

acaso no lo son más. Y su principal yerro radica, en considerar a el Verbo Encarnado, como un accidente del destino, llegando al punto de describirle injuriosamente como un líder revolucionario, nada más ni nada menos que a la Tercera Persona de la Trinidad.

Pero, si acaso, Nuestro Señor hubiera surgido como un simple agitador, su discurso tendría que haberse nutrido de palabras rencorosas, alienadas y combativas ¿No les parece? Sin embargo, su conducta fue siempre por demás pacífica, benéfica, y aliada a la justicia.

Las razones del Gran Maestro, invariablemente fueron piadosas; su discurso integrador, y por donde quiera que se le admire, todo el fulgor que nutrió de misterio a su singular personalidad, estuvo colmada de amor, y eso nadie lo puede negar.

Así el galileo, pese a ser tan perseguido, logró desde el monstruoso patíbulo imponerse, Él y su Verdad. Sin necesidad de entrar en disputa con esos incrédulos de atributos tan peculiares, como lo fueron siempre: La rigidez de su integrismo religioso, la pasión regional, el excesivo amor por sí mismos y la falta de caridad, para ver en el Ungido Varón al Salvador del Mundo (esperando por el contrario a un glorioso líder nacional, que nunca llegó y nunca llegará).[90]

Mas, este Hombre, aparentemente endeble, que con naturaleza infalible terminó maravillando a todos (y hasta hoy lo sigue haciendo) con la dulzura de su mensaje y su ciencia universal.

Mas ¿Con que filósofo, profeta o sabio se lo podría comparar?

Él dijo claramente que era Dios, permitió que sus seguidores así lo confesasen, y que como a Dios se le adorase (pues el Padre y el Hijo en esencia son igual). Bien, entonces si Jesús no hubiera sido el verdadero Dios, he aquí al más vil impostor, y al embustero más malvado del mundo. No obstante, nadie se ha animado jamás, a tacharlo como tal.

---

[90] Jesús es la piedra de tropiezo que predijo Isai VIII, 14. - XXVIII, 16.

En nuestra era cristiana, luego de la expiación de Cristo, nacen cuantiosas corrientes religiosas, con claras señales de influencia hebraica. Por ejemplo, en el siglo X aparecía en la actual Bulgaria el bogomilismo, negando el nacimiento divino de Cristo y también su coexistencia, como parte y porción de la Trinidad.

Antes, en el siglo IV, un presbítero de Alejandría, daba origen a las teorías del arrianismo, adoptadas luego por Calvino, los anglicanos, y gran parte de mundo protestante actual.[91] Luego, un siglo más tarde, no podemos olvidar al siempre polémico teólogo de origen celta, Pelagio, primero quizá, en denigrar el sacerdocio clásico del apostolado (habilidad que bien supo manejar Lutero, terminando por fraccionar a toda la cristiandad). Y con esto ¿quien mas complacidos que los judíos? Los primeros adversarios de la naciente Iglesia Apostólica (la cual también, como vaticinara El Nazareno, iba a terminar conquistando a toda la humanidad).

Sin verdad, no hay justicia (La Inquisición)

Romanos I, 18. "Se descubre también la ira de Dios que descargara del Cielo sobre toda la impiedad e injusticia de aquellos hombres que tienen aprisionada injustamente la verdad de Dios."

No puede negarse que en la inquisición se cometieron abusos, y que hubo inquisidores crueles, pero los hijos de la Iglesia Católica, a lo largo de su historia, no han sido sólo inquisidores. Ella ha cobijado en su seno (como ninguna) a grandes personajes, y eso nadie lo puede negar. En todos los tribunales alrededor del mundo se han cometido injusticias, tanto en los populares y revo-

---

[91] También los Testigos de Jehová, guardan algunas similitudes con el arrianismo, en el sentido que ambas consideran a Jesús como el unigénito del Dios Padre, y no como el mismo Dios.

lucionarios[92], como en los oficiales, de las cortes supremas, donde hasta hoy día, algunos de sus jueces y fiscales, también incurren en abuso de autoridad y discriminación. Pero como antes dijimos: las culpas individuales de uno u otro, no se pueden hacer recaer sobre la Institución en general.

El Tribunal de Inquisición no fue creado con la idea de atormentar inocentes, sino que como su nombre lo indica, tuvo como principal objetivo el de inquirir, el de indagar. Y entre los ministros asignados a dicha tarea, también hubo hombres sin tacha, como lo fueron el Fraile Juan de Zumárraga o el mismo Domingo de Guzmán. Su misión u oficio individual en este asunto, consistía en visitar a los reos a sus celdas, en donde permanecían por la pena de herejía y crímenes ordinarios. Dictaminando si el acusado era o no culpable del cargo que se le achacaba y dando su veredicto a la autoridad civil; para que el Estado castigara sus crímenes de acuerdo con el Código Penal (aunque demandando siempre se le conservara la vida, exigencia que el Estado podía o no acatar).

A pesar de todo lo que se quiera exagerar, su obra distó mucho de ser lo que pretenden los neoliberales modernos, ateos, gnósticos y los grupos humanistas o de intelectuales de la UNAM. Quienes simplemente han desfigurado las cosas, despertando el odio de un público siempre atraído por aquellas fantasías novelescas, que por momentos corrompieron dramáticamente la propia verdad.

Por eso, es conveniente, antes de juzgar objetivamente lo acontecido en La Inquisición, hacer un repaso histórico previo o una debida investigación, para no dejarse engañar por los siempre vigentes enemigos del poder clerical.

Es consabido que a lo largo del siglo XII se diseminó por Europa una ola de disturbios, seguidos por una pronunciada perversión de costumbres religiosas. A tal punto que las repetidas violaciones,

---

[92] Historias verídicas cubanas. Gabriel Freyre.

revueltas y luchas civiles, llegaron a producir enormes desórdenes públicos, que amenazaron la dignidad; el reposo de las familias y su propiedad. Y no solo eso, la anarquía en las creencias de las nuevas doctrinas,[93] los desórdenes y las rebeliones, incentivadas por los delirios de la magia y las supersticiones, también, aunque no lo crean, llegaron a poner en verdadero peligro a la cristiandad.

Sin duda, que en algún momento se vieron amenazadas también las monarquías y sus dinastías (indiferentes en un principio, cuando no protectoras de los propios herejes) pues entonces se vieron obligadas a actuar. Fue así que los reyes y señores feudales, estuvieron forzados a recurrir ante la Santa Sede, al notar que su mandato se veía afectado seriamente por el ambiente de caos e ingobernabilidad. Por ejemplo, los cátaros, infestaban el Languedoc (Francia), llevando sus doctrinas de carácter gnóstico por medio de las armas, el incendio y el saqueo; asesinando a quienes no la quisieran adoptar. Tratándose de herejías (aunque también de perjuicios sociales) era la Iglesia, como sociedad soberana, la única entidad calificada para juzgar en esta materia, por ello se nombraron como delegados especiales del Papa a los primeros inquisidores, a quienes se invistió con plena potestad. Por su parte, los reyes y emperadores, ya habían señalado en sus leyes, desde tiempo antiguo, castigo corporal contra los herejes. Y cierto es,

---

[93] Tanchelin tambiém conocido como Tanchelm d'Anvers (se supuso encarnación del Espíritu Santo y exigía que se tributase culto a su persona, llegando a casarse públicamente con una estatua de la Virgen, y aprovechándose de la ignorancia del vulgo para estuprar a un sinnúmero de mujeres y apoderarse de cuantiosos bienes). Luego tenemos a los bogomilos, seguidores del sacerdote búlgaro, apodado a sí mismo Bogomilo (que equivale al nombre Teófilo o Hijo de Dios) quien, a finales del siglo XI aunó todas las ideas y creencias heréticas que se extendían por Tracia.

También sobrevivían en la época, las doctrinas de los euricianos, los cátaros, paraguinos, josefinos, valdenses etc. - Enciclopedia Universal Tomo LXIV pag. 23-

que dichos edictos dejaron de aplicarse por mucho tiempo, pero cuando el mal creció, las sanciones del poder civil contra los herejes se volvieron a renovar.

Debemos destacar que en orden a la penología, La Inquisición, como Tribunal Eclesiástico, sólo aplicó censuras y penitencias canónicas, ésta no quemó, ni si quiera sentenció con pena de muerte a nadie. Dicho tribunal no hacía mas que declarar la existencia del delito y entregar al culpable a la justicia del brazo secular. Y aun esto, sólo cuando no quedaba otro remedio, por la pertinencia del reo, pues siempre cabía la posibilidad del arrepentimiento, el cual podía salvar su vida, incluso, hasta último momento, minutos antes de que se le fuera a ejecutar.

Cometen un grave error e injusticia, quienes confundan a la inquisición, con la quema de brujas, llevada a cabo en países escandinavos y germanos especialmente (sitios no católicos y hoy plagados de protestantes). De hecho, los tribunales católicos fueron muchísimo más indulgentes que los civiles y ordinarios, ejecutados por dirigentes fanáticos de naturaleza combativa y radical.

También es una mentira y una exageración, decir que el poder de la Iglesia en aquella época, era total, pues solamente en España y Sicilia, los reyes delegaron a los inquisidores poderes combinados (eclesiástico y estatal). En el resto de los países, los reyes escogían a sus Obispos de confianza, y hasta se inmiscuían en los asuntos religiosos. Como ejemplo, tenemos el caso del capellán de la realeza, el milanés Tedaldo (nunca reconocido por la Sede Apostólica, y varias veces excomulgado). Recordemos que ni si quiera el Papa Gregorio VII pudo evitar que fuera nombrado por el emperador Enrique IV, como Arzobispo de Milán.[93]

[93] Historia del Papa Gregorio VII y de su siglo. Página 54.

X

Religión a la medida.

I Corintios XI, 20. "Ahora pues, cuando vosotros os juntáis, ya no es para celebrar la Cena del Señor."

Ellos son del mundo, y por eso hablan el lenguaje del mundo. Y el mundo les escucha,[94] ya sea por interés, por gusto o a fuerza de prepotencia. Son la fortaleza económica mundial, son riquísimos, eso nadie lo niega. Hoy exportan de todo: franquicias, armas, hasta Iglesias. Y crean que, han diseñado una asamblea práctica, acorde a la mundialización de la era. En ellas, no se expone el Santísimo, no se confiesa (sino entre compinches), no hay rosas; claveles; imágenes, ni romerías; no tienen tradición (perdieron toda pasión por el culto), sus reuniones suelen ser muy espontáneas ¡A lo que salga! Como un banquete del club o una fiesta.

Así suele ser la Iglesia de Norteamérica, y al momento que uno de sus miembros queda disconforme de aquella, se puede pasar a la de enfrente. Después de todo, si analizamos cada una: No hay una, que sobre el resto le saque media cabeza.

Las mismas suelen estar dotadas con canchas de básquetbol, o a lo sumo de pin-pon. Todas tienen su banda de música, o al menos alguna sección que les entretenga, y a ninguna le falta el comedor, donde educadas familias celebran sus ágapes (que aunque lejos de ser convites de caridad, les sirve para estrechar lazos de unión entre ellas).

Estas seudo-instituciones cristianas, se ajustan mucho a la personalidad del norteamericano, son autónomas, individualistas, artificiales y opulentas.

---

[94]San Juan IV, 5. "Esos tales (con el espíritu del anticristo) son del mundo, y por eso hablan el lenguaje del mundo, y el mundo les escucha."

Sus pastores, siempre son aristócratas del barrio, con familia e hijos. No restringen las vidas de los prosélitos, ni las suyas propias (aunque suelen ser gente decente y respetable: doctores, jueces retirados, policías y hasta veteranos de guerra).

Al carecer de uniformidad en la doctrina, cada uno, de acuerdo a su poder financiero, estila su propio sendero, con la Biblia como único parámetro de referencia. El credo funciona acorde a la idiosincrasia del pastor, pues no tienen una convicción fija (quizá sea porque creen que la adoración de Dios, siempre es positiva, del modo que sea).

Toda esta estrategia de proporción inversa, a la profundidad espiritual que recomienda nuestra Iglesia, no puede ser sino una maniobra del cuerpo político de la nación, la cual considera fundamentalmente al individuo, de su propiedad, sometido a sus reglas. Dicho ente oficial norteamericano, que sabrá atar su dedo a donde más le convenga, solamente vela por el desempeño global para un rendimiendo productivo, y en definitiva, eso es lo único que le interesa.

El mismo, de muchas maneras, solventa ciertas iglesias nacionales, promueve su fama por medio de la ayuda social (parte de la cual se deduce de impuesto), siendo el Estado quien termina pagando todo el altruismo que pueda llegar a proceder de estas congregaciones fantasmas, nacidas en virtud de la riqueza. Por otro lado, encubiertamente, priva de crecimiento a la Iglesia Apostólica con sede en Roma, pues esto sería, cederle soberanía sobre su terreno, a aquella institución que ellos consideran invasora y extranjera. Sería, como perder autoridad ante una eminente competencia, más o menos, tan vergonzoso, como tener que llamar profesores de gimnasia rusos para entrenar a sus atletas, o a doctores cubanos, para atender los hospitales de Estados Unidos de América.

Y vienen a querer juzgar y opinar sobre la complejidad de nuestro culto, con su mentalidad artificial y práctica, pero ¿cómo esta gente fría e insípida, va entender el romanticismo, y la pasión de nuestra cultura? Si nos detestan. Es mas o menos, como que se pongan a estudiar castellano, renieguen y no le hallen coherencia a las acentuaciones ni a las comas, simplemente por que su idioma nativo carece de ellas.

Se podrán autodenominar "congregaciones cristianas" solo por leer la Biblia y tener a Jesús como base y estandarte de cada una de sus sectas. Pero no olvidemos, que tanto la recalcitrante agrupación Ku Klux Klan, como también los masones, dijeron sujetarse siempre a los mandamientos de Nuestro Señor Jesucristo (aunque ellos se autodenominen cristianos, no significa que lo sean). Si acaso lo son por lo que dicen, no lo son, por lo que hacen (causar disensiones, creyéndose superiores y mezclándose en todo tipo de guerras). No lo son, ni lo serán, aunque pinten la imagen de Cristo en su bandera.

La religión de Estado.

Romanos XV, 5. "Quiera el Dios de la paciencia y de la consolación haceros la gracia de estar siempre unidos mutuamente en sentimientos y afectos, según el Espíritu de Jesucristo."

Cada año que pasa, se irá resquebrajando más el prestigio de la fe protestante, mientras se mantenga irresoluble el problema de unidad ¿Cómo podrá prevalecer una relación fraternal entre distintos gremios o pueblos congregados de diferentes culturas? Si en su arrogancia, ninguno quiere ceder al liderazgo. Si viven con el temor de que su anexión a dicha cofradía sea arbitraria a favor del prójimo. Si no les une otra cosa, más que el rencor, y no existe entre los asociados una pizca de modestia ni de solidaridad.

Y prolongan ese ensañamiento, gobiernos como el de U.S.A. instruyendo a sus comunidades cristianas sobre la práctica católica, con la misma objetividad y patriotería, que lo hace el gobierno cubano en casa, al orientar a los suyos sobre el capitalismo mundial. Pues el Estado norteamericano, igual que majestad imperial, pretende tener todo en perfecto control y dominio, tanto en el terreno político y religioso, como en el económico y social.

La potencia económica mundial hoy, es Estados Unidos y eso nadie lo discute. El bastión del cristianismo, fue primeramente depositado en Roma por determinación de los Apóstoles, y allí se mantiene fielmente hasta la actualidad ¿Por qué no lo pueden aceptar? Simplemente, porque la jerarquía interna de la Iglesia de Cristo, se ha vuelto el estorbo, a su lema perenne de vivir la religión sin autoridad.

De ahí, que dentro de aquellas fronteras, la representación y voluntad de Cristo se disgrega en miles de ministerios, todos ellos independientes y sin lograr jamás una unidad. Entonces, carentes por completo de dirigencia, (personalmente responsable o con un centro visible) cada secta atiende a sus intereses, manteniendo el ejercicio religioso que demanda el individuo y su conciencia, la cual, de acuerdo a su procedencia y cultura, varía, se altera, madura, y fluctúa (polémicamente, controversialmente) hasta oponerse, en algunos casos por completo, a la base apostólica de Roma, la cual en definitiva, es la única comisionada por el Señor para ejercer dicha facultad.

Ese mismo camino de indiferencia y frivolidad, ha llevado a los gringos a resguardarse bajo la tutela del Estado (antes que en la Iglesia) pues obviamente su inclinación natural, es vivir según el hombre y no de acuerdo a los preceptos que Dios nos ha de ordenar. Hoy, hacen caso omiso al pedido de Nuestro Señor, de no cometer adulterio, porque están tentados por la ilusión carnal.

No diseñan imágenes para la contemplación devocional, pero sí para el lucro,[95] pues desprecian la imagen de Pedro, María y los Santos, y en cambio prefieren adorar a Washington y Elvis, a Hollywood y sus superstars. Desvirtúan la autoridad de la Iglesia

---

[95]Atalaya. De los Testigos de Jehová es la obra de marketing religiosa más difundida, que exhibe en su interior multicolores láminas del paraíso, Jesús etc.

Universal, porque no temen a Dios, ni a las sanciones eclesiásticas, pero ante las leyes del Estado sí, demuestran respeto y una conducta ejemplar, pues temen la rigurosidad de las penas que eventualmente pueda imponerles el brazo secular, el cual tiene poder para arrebatarles su tan preciada libertad.

Así mismo, atienden primero sus bienes financieros, descuidando los recursos espirituales. Solo les interesa cuanto capital entra en sus bolsillos y elaboran planes para duplicar su riqueza aún más. Engañados por tal apariencia, hinchada de falso prestigio y creyéndose lo máximo en todos los ámbitos, asumen papel de predicadores, de reformadores religiosos, creando su propia senda, desencaminando a los suyos, enseñándoles que no importan las restricciones, que es en vano celebrar sacrificios y que no hay razón de seguir ninguna senda oficial. Mientras tanto, después de causar en todo el mundo constantes contiendas, guerras y mayor enemistad, creen poder arreglar todo ello, juntándose en sus iglesias aristocráticas (sin reglas, ni regulaciones) o regalando unas migajas sobrantes, a modo de caridad.

Contra la religión, contra la religiosidad.

Hechos de los Apóstoles XIII, 46. "A vosotros debía ser primeramente anunciada la Palabra: mas, ya que la rechazáis...de hoy en adelante iremos a predicar a los gentiles."

Los yanquis suelen discriminar: "Esa es comida de pobres" "Aquel es un trabajo para los pobres" "¡Esa es religión de pobres!" Mas, de seguro que Jesús a ello respondería: "A esos pobres les tocó la mejor parte."

Especialmente en la región de Norteamérica, se hace ver a la Religión Católica como un "anzuelo" para cachar gente rústica y simple. Y si bien es verdad, que gran parte de los devotos católicos en Latinoamérica provienen de escasos recursos económicos, eso no significa que sean ignorantes. Aparte, quienes hayan discurrido por las floridas sendas de América, no podrán negar, que precisamente esos personajes sencillos (aunque vivan en casas de ladrillo apilado) saben ser los más agradecidos y también los más leales. Nuestro Señor, igual procedía de familia humilde, y no se le recuerda jamás, alentando a excluir de su Iglesia a los pobres.

Antes, propinó serias advertencias a los ricos, poderosos, vividores y patanes. No olvidemos que del mismo modo, injuriaban a los primeros cristianos (gentiles), por descender en su mayoría de la plebe y no tener entre sus filas a respetables príncipes, ni a las colectividades de notables. Pero ésta, fue una gran necedad e injusticia, pues Nuestro Señor Jesucristo, no planteó una doctrina diferente dirigida a las distintas castas de la sociedad, por lo contrario, su Ley fue siempre universal, accesible e integradora, para que todos lleguen al conocimiento de la verdad, y así todos se salven.[96]

Lo verdaderamente paradójico en este asunto, es que precisamente esos norteamericanos "dueños del mundo" (viviendo el esplendor de su miseria babilónica, ajenos a las leyes del Cielo y sin autoridad que les demande compromisos, reglas, ni regulaciones morales) son quienes nos ven a nosotros (los latinos) como si fuéramos animales. Y si, como animales debemos ser para mantenernos siempre fieles, llanos, tolerantes… ¡seamos animales!

Todo se vale, mientras sigamos agradecidos de Dios, como también de nuestros "ignorantes y toscos" padres, de quienes hemos heredado rica tradición castellana, romántica cultura religiosa, fértil tierra donde ha brotado intensamente la semilla del Cristianismo y un corazón bien, pero bien grande.

¡Algún día tomarán conciencia de lo mal que hacen! Por rechazar la Eucaristía, dejando un espacio vacante en la mesa servida por el Señor, junto a los Apóstoles y los devotos, que en definitiva son

[96] I Timoteo II, 4.

los verdaderos comensales. Por alentar el divorcio, tanto religioso como conyugal,[97] provocando disensiones dentro de la Familia, con el fin de volver a casarse. Por haber intentado manipular la historia, haciendo ver a la Iglesia del Virreinato, como la bestia esclavista de los tiempos coloniales. Cuando es obvio, pues basta leer un poco de historia o echar un vistazo al aspecto demográfico actual (solamente entre las fronteras de México y Norteamérica) para descubrir: Donde fue en verdad, que los aborígenes tuvieron que correr a refugiarse.

Y cuando lo hagan, esperemos no sea tarde. Pues con todas las calumnias políticas que esparcen por el mundo, difícilmente no estén ya encarnando el triste papel de aquellos judíos que entregaron a Jesús a las autoridades.[98]

Lo último que resta es preguntase: Con toda la preparación y entendimiento que tienen los protestantes ¿cómo jamás hallaron relación de semejanza entre estos dos hechos fascinantes? Por un lado, tenemos un arrogante pueblo hebraico, decidiendo autoexcluirse de la herencia que le corresponde, por creerse único, virtuoso, esclarecido e indispensable. (No se debe estimar como una casualidad la actual indiferencia de los judíos, pues dicha obstinación fue augurada por sus propios profetas y mártires).[99]

---

[97] I Corintios I, 10. "Mas os ruego encarecidamente hermanos míos, por el nombre de Nuestro Señor Jesucristo: Que todos tengáis un mismo lenguaje y que no halla entre vosotros cismas. Antes bien, viváis perfectamente unidos en un mismo pensar y en un mismo sentir." San Marcos X, 9-12. "Cualquiera que repudia a su mujer y se casa con otra, comete un adulterio respecto a la primera. Y si la mujer repudia a su marido, se vuelve adultera cuando se vuelve a casar."

[98] Hechos de los Apóstoles III, 13. "El Dios de nuestros padres, Abraham, Isaac y Jacob, ha glorificado a su Hijo Jesús, a quien vosotros habéis entregado y negado en el tribunal de Pilatos, juzgado este que debía ser puesto en libertad."

[99] Daniel IX, 26."Se le quitará la vida al Cristo y no será más suyo el pueblo que le negará."

[100] Que en realidad no fueron los primeros, pues el primer desobediente fue Adán.

E imitando a los primeros[100](quince siglos más tarde) surgían de una viciada facción europea, liberalísimos promotores de una causa personal,[101]que sin cargo de conciencia desertaban de la Iglesia Universal para formar una religión aparte.

Igualmente, sus seguidores, obnubilados por la culpa del pecado, de algún modo se sienten hoy indignos de acompañar la Liturgia, adoptando una posición de desobediencia ante la Verdad, y desafiando con impertinencia a las autoridades.

Pero de ninguna manera, la Reforma fue tampoco un hecho fortuito, ni siquiera adverso, pues para sorpresa del universo entero, se manifestaría luego, el más grande fenómeno habido (después de la personificación del Verbo) en la eterna sabiduría de la ciencia del Padre. Era el resurgimiento de un nuevo mundo, oculto, vedado, con una raza privilegiada; que de repente, aunque en "cuero y pobre", asimilaba la Doctrina Cristiana, sin miramientos ni reproches, llegando prácticamente a llenar esa posición de privilegio que rechazaron escandalosamente, suizos, ingleses y alemanes.

---

[101] Por supuesto que la Iglesia nunca les ha dado a estos reos, ningún motivo para que la odien. Es claro que el interés, es la principal razón que alentó a Lutero y Enrique VIII a que se divorciaran de la Iglesia. Sin embargo, pudimos encontrar al menos una causa, para justificar el recalcitrante humor de Calvino.

De Juan Calvino, sabemos que su madre, desde pequeño, le había llevado a varios santuarios y que le había educado como buen católico. Su padre, tenía un gran ascendiente dentro el clero, lo que le permitió a Juan, con la corta edad de 13 años (y la ayuda de un Obispo) convertirse en presbítero en La Capilla de Nuestra Señora de la Gloria. Luego en 1527, el cabildo de Noyon, le confirió las rentas del curato de Marteville, con las que pudo hacer frente a sus gastos de estudios y sustento. A pesar de ello, Gerardo Cauvin, (su padre) pasó a ser vergonzosamente excomulgado en 1528, por no presentar las cuentas de la administración del Cabildo. Esto, evidentemente habrá sido devastador para la familia, e imaginamos que habrá despertado el morboso rencor, que distinguió a lo largo de la vida al reformador.- Stähelin "J. Calvin" (Elberfel 1863. 2t). Enciclopedia Univ. tomo X .42-

[102] Marcos 6, 11.

(Su alejamiento, decimos, se puede ver positivamente en América y no como una pérdida. Pues en definitiva, derivó en una mayor atención de la Iglesia y sus miembros, en la conversión de los naturales).

Algún día se arrepentirán de haber considerado tan despectivamente a esa Iglesia, cuidadosa en especial de "los ignorantes y los salvajes." Esa Iglesia de Pedro, de Pablo; de hoy y de siempre.

La cual, con firmeza de ánimo, no dudará jamás en sacudir el polvo de sus pies, frente a las puertas del reino que osare difamarle.[102] Pasando a alumbrar con sus prédicas a las naciones que más le merezcan, así sean gentiles y pecadores quienes lo demanden.

Porque Nuestra Iglesia, cuenta con la asistencia de Dios, quien tiene poder absoluto para hallar virtud suficiente de nuevos prosélitos, también en "animales." Haciendo brotar la fe "hasta en las rocas" si fuese necesario, con tal de que los principios de la religiosidad se salven.

Evangelización puritana.

Génesis IV, 7. "El pecado estará siempre presente en tu puerta, mas su apetito estará a tu mandar, y le dominarás." (Si quieres)

¡Pobrecitos los cristianos que prefirieron adoptar las teorías de Calvino, Pelagio o Arrio, a seguir con la costumbre apostólica de la Iglesia de Cristo! Pero más pobres, quienes tuvieron que padecer las rudas cualidades de aquellos protestantes que llegaron a dominarles, para luego hacerse dueños de las tierras, terminando por acabar con toda su raza. Estos cristianos aguados, le contuvieron al nativo por un tiempo dentro de sus atrincheradas misiones, totalmente despojadas de beneficios (comparadas con las de España). Y a la verdad, en horas que el aborigen abandonaba esos rústicos fuertes para volver a su ambiente natural (en donde obtenían sus alimentos fácilmente), comenzaban a verles como hombres salvajes, e irremediablemente caídos. Ya por ningún motivo fueron objeto de consideración, pues desde el momento que decidían volver a su costumbre errante e inmoral, "por voluntad de Dios" su vida comenzaba a valer casi lo mismo a la de un búfalo, un coyote o una mísera iguana.

Estos protestantes de corazón frívolo, no admitían en el neo convertido ninguna falta, y condenaban rotundamente la flaqueza del prójimo, pues ante la resistencia tozuda que ejercerían a la hora de abandonar sus ídolos y hábitos ancestrales, era más cómodo para los anglos, ignorarles, no queriendo reconocer que parte de la falla estaba en el método que empleaban. Y tan engreídos como hasta hoy los conocemos, con su única verdad inalterable, jamás intentaron cambiarla o adaptarla, no teniendo más que un método de evangelización, cuando éste falló, ya no quisieron intentar más nada.

En realidad, su dificultad se encontraba en la propia naturaleza fatalista heredada de Calvino[103] y predicada luego por sus falsos oradores, con falta de vocación, visión y enseñanza.

Entonces, prácticamente, luego de que obligaban al aborigen al destierro voluntario de la aldea misión, en la que por su puesto no había ni espacio, ni suministros para todos, comenzaban las familias de aborígenes a quedar expuestas a constantes peligros y asechanzas.

Estaba condenado su destino, estas inocentes familias nativas tenían enfrente a los barbudos civilizados; los victoriosos humanistas llegados del viejo continente, que con su inmenso poderío, no tendrían pena ni dificultad en erradicarlas.

---

[103] El Fatalismo es una de las tantas deducciones heréticas que esparció por el mundo, el sapientísimo Dr. Calvino, enseñando que existe una ley ineludible que condena a todos los seres humanos a modo de karma. No es tan descabellada la idea y hasta podría interpretarse luego de las palabras de Nuestro Señor:"Hasta los cabellos de tu cabeza están contados." Mas, no deja ir en contra de la Palabra del Antiguo Testamento, en donde la ley de libre albedrío (después de el pecado de Adán).

Muy cristianos (de lengua).

I Corintios XIII, 4. "La caridad es sufrida, es dulce y bienhechora. La caridad no tiene envidia, no obra precipitada ni temerariamente, no se ensoberbece."

No poco fastidio le causará al cronista objetivo, recibir datos históricos de sus homólogos anglosajones, respecto a la conquista del Nuevo Mundo. Pues, sí saben exponer con discursos y detalles, vida y obra de aquellos valerosos hombres de independencia, tales como Madison, Jefferson, Washington etc. Pero se sujetan a un silencio sepulcral o inventan a la hora de describir la misión evangelizadora de la legión puritana. Gracias a esta desinformación, el norteamericano promedio (quien es reconocido por su tenacidad en los negocios) suele ser disparatadamente nacionalista a la hora de analizar la historia y casi siempre deslucido al punto de vergüenza, en información general (pues 70 % de encuestados no saben siquiera ubicar a la República Argentina en el mapa).

Pareciera que al igual a un régimen totalitario, como el de Cuba o China, se la tiene ensoberbecida a la gente con una versión oficial del tema, totalmente distorsionada.[104]Su adaptación alega:"que cual abominable monstruo, llegaron las coronas de España y Portugal a someter y esclavizar a los naturales. "Y si es verdad, que en el caso de España, la colonización no fue, lo que se dice: del todo decente (porque desde luego hubo abusos e injusticias contra los

104 The cross in the sand. Página 75. "La mañana del 25 de Enero de 1704, James Moore y sus huestes sorprendían la misión de La Concepción en Ayubale, atendida por el fraile Ángel de Miranda, y al día siguiente desolaban San Luis Patali cometiendo horrendos actos de barbarie en contra de los aborígenes convertidos. Más tarde fueron hallados los cuerpos de Fray Juan de Parga Araujo (mutilado), Fray Manuel de Mendoza (en deplorable estado, con un crucifijo fundido a fuego en el pecho) mientras que los restos de Miranda jamás se encontraron."

nativos) así y todo, fue su ocupación mucho más digna y considerada que la desempeñada en tierras norteamericanas.

Es justo también resaltar que bajo el yugo ibérico, dentro de los dominios virreinales, se les permitió a los aborígenes vivir en comunidad, se les enseñó Castellano y fueron favorablemente disciplinados a modo de sociedad cristiana. Todos debían de saldar su tributo a la Corona (también los encomenderos a cargo, que eran por su puesto blancos, y provenientes de España). Ningún cronista instruido puede negar que muchas reservas de nativos ubicadas en el sur de Estados Unidos emigraron a México en busca de una atención más humana.

Podríamos mencionar como hecho sobresaliente entre las migraciones en masa, la acaecida cuando el Gobierno Central pagó al nuevo estado adherido de California, una gran suma de dinero, para apoyar la destrucción y desplazamiento sistemático de más de 100.000 aborígenes que ocupaban desde Arizona y Nuevo México hasta la costa Californiana.[105]

Ya ni los críticos de más ofuscado entendimiento, pueden negar la encomiable labor de los numerosísimos misioneros católicos, quienes a la par de los abnegados: Eusebio Kino, Francisco de Tovar, el Tata Quiroga etc. se sumaron a la Campaña Apostólica, para convertirse en queridísimas leyendas de América, dentro de las órdenes Jesuitas y Franciscanas. Falso y grosero sería siquiera comparar a estos ilustres personajes, con los laicos anglosajones, que soberbiamente plasmaron su fría intención doctrinera, y que a la par del gobierno colonial de la Nueva Inglaterra (el cual siempre acogió calurosamente los proyectos misionales pero nunca hizo nada para asegurar su éxito) se lanzaron en contra de un aborigen pacífico e indefenso, provocando en su perjuicio guerras totalmente innecesarias. Por ejemplo, para 1704 James Moore, un adinerado esclavista y ex gobernador de Carolina, comisionado por la asamblea del estado, dirigía una operación expansiva, al

[105] La evangelización puritana en Norteamérica. Página 263, 264.

mando de cincuenta blancos y más de mil indios aliados, arrasando con trece misiones del Sur de Carolina, Luisiana y Florida, matando a los ministros sacerdotes, y llevándose para vender como esclavos a las colonias inglesas del Caribe, alrededor de 6000 aborígenes ya convertidos a la fe cristiana.[104]

De México hacia el Sur es otro cantar.

I Corintios X, 22. "Todo me es lícito, sí, pero no todo es conveniente."

Gracias a la estrategia católica, la asignación a tiempo de misioneros españoles e italianos bien preparados, la piedad y la expansión de la Iglesia, dentro del corazón receptivo de estas nuevas almas: hoy día nadie puede decir dentro de los límites de Centro y Sur América, que no posee algo de sangre nativa.

Las distintas etnias aborígenes, al igual que los españoles, no tenían la libertad de irse por su cuenta, debían permanecer en comunidad, y allí aceptar (luego del Bautismo) la responsabilidad civil encomendada por institución real. Y los padrecitos intentaban retener a los fieles por todos los medios, a veces con éxito y otras, sin lograr esa dicha.

Sí se efectuaron rebeliones, y se lamentaron pérdidas humanas –mas no existió la necesidad de tribunales inquisidores para los aborígenes, como la mala lengua recrimina–. Y estos conflictos fueron básicamente, por culpa de los sumos sacerdotes prehispánicos, que recelosos con su raza y su gente (por haberse abrazado al nuevo Dios) bajaron de los cerros en donde se escondían y trataron de arrastrarlos nuevamente a su antigua vida. Hubo algunos serios enfrentamientos (como la guerra de Mixton en México), en donde tuvieron que intervenir los misioneros, y subir a exhortarles a quienes huyeron, para que al fin regresen a recuperar sus terrenos, avalando garantías civiles a quienes lo hicieran en forma pacífica.

Sin embargo, siempre se llegó a un acuerdo. Había claro, mal humorados, resentimientos, pero la gran mayoría, no tenían mayores ambiciones. Los que escapaban lo hacían bajo amenaza o con miedo.

Parecía que esos sencillos nativos, a la cristiandad, siempre la habían llevado prendida. Era una raza ideal para sembrar la fe: abierta, desapegada, querendona, sociable y sencilla; Tal cual como lo predijera Jesucristo: era una raza que no cargaba el complejo de Adán, no se embriagaba con el brebaje de la envidia, la codicia, ni de la ira. Y por tener siempre una bondad privilegiada, sin gota alguna de avaricia, asimilaron y acogieron con su enorme corazón la nueva doctrina.

Luego se apareció Guadalupe, vestida de Sol, y con la Luna bajo sus plantas. Esta representación de la Virgen cambiaría los ánimos en todo el Nuevo Mundo, y en los dos años posteriores a su aparición (acaecida en 1531) se bautizaron cerca de 8 millones de aborígenes, quedando desde aquel momento, todos integrados a los españoles por el mismo sentimiento de amor hacia Nuestra Señora (pues quizo aparecerse con rasgos de doncella mestiza).

De ahí que gran parte de los pueblos de América, tienen como patrono principal a la Virgen María,[106] sin embargo, esto de ninguna manera le quita a Señor Jesucristo supremacía.

[106] No solo pidiéndole a Dios se alcanza el cielo (No todos los que me dicen señor, señor, entrarán al reino de los cielos. San Mateo VII 21) . También está incompleta la adoración si es sólo a María, ya que Dios Trino es la razón absoluta, la causa de todas las causas.

XI

Esclavos de La Palabra.

Romanos VIII. 15. "Recibe, no sólo el espíritu de servidumbre por temor, como esclavos, pues habéis recibido el espíritu de adopción de hijos."

El cristianismo, es una religión inspirada en las enseñanzas del Dios encarnado. No es una filosofía que resulta de divinidades abstractas, ni tampoco es la remembranza de un Verbo escrito y mudo. Por eso decimos que la Biblia no lo es TODO en la fe cristiana.

Es evidente que la potestad que el Salvador dio a Pedro y los Apóstoles, iba más allá de redactar El Libro, con toda ciencia y toda la verdad. La misión que Nuestro Señor encomendó a los Apóstoles, fue la de guiar a su grey, y esta responsabilidad de ninguna manera podía expirar con sus defunciones, sino que debía transferirse, pues dicho ministerio fue creado con la idea de que perdurara. De hecho, los ministros de este cuerpo místico, sujetos a los códices de La Nueva Alianza (queremos pensar) fueron siempre el instrumento que Dios Altísimo utilizó, para extender las propiedades del dogma, de acuerdo a las carencias y necesidades humanas.

Sin la sucesión de un organismo fiable, que guarde viva la promesa de Cristo, y se mantenga renovando constantemente, explorando y asimilando las riquezas contenidas en el depósito de las Escrituras Sagradas ¿Qué referencia ética tendríamos hoy para responder ante las nuevas necesidades y tendencias: el aborto, la homosexualidad y todos aquellos temas inexplicados en los Santos Libros, que se han vuelto usuales en nuestra vida cotidiana?

Comete un grave error, quien se considere mejor cristiano, sólo por estudiar de memoria ciertos pasajes bíblicos. Ya que de esta manera, estará excluyendo a todos los cristianos de los primeros IV siglos, que vivieron cuando todavía las Sagradas Cartas no habían sido catalogadas. Pues, no hemos de imaginar que la Biblia fue siempre (como lo es en la actualidad) un libro compacto y al alcance de todas las almas ¡claro que no! Su compilación, varios años después de la expiación de Cristo, residió en la primacía de la cátedra apostólica,[107] bajo la tutoría a la nueva Iglesia Romana.

Los evangelistas modernos de Latinoamérica, rehúsan a la autoridad de su creadora, La Iglesia Católica o Universal. La cual según el Apóstol Pablo, es Casa de Dios y Cuerpo de Cristo.[108]

Pero si no hubiera sido ésta, columna y sostén de la tradición apostólica ¿cómo hubieran ellos heredado La Verdad Revelada?

Insisten en negar la capacidad e integridad moral de sus representantes, pero se entregan a cualquier farsante, de esos que se empeñan en recolectar prosélitos casa por casa. No creen en una Iglesia Santificada, y en cambio sí, en emancipadores proféticos, con potestad divina e inspirada. Y Martín Lutero es el modelo ejemplar, atesorando entre sus "piadosas" máximas: Deus vos impleat odio Papae "Dios os llene de odio hacia el Papa."

¿Cómo pueden decir los protestantes, ser seguidores de la voluntad de quien dicen adorar, si hacen lo opuesto a lo que Él les manda? O pareciera que entienden todo al revés ¿Se olvidan que Jesús exhortaba a "honrar a nuestros padres", a "amar al prójimo como a uno mismo", a tener fe en Él y a preservar La Palabra?

Quien se detenga a analizarlos, notará que éstos, se asemejan en mucho a los escribas y fariseos, quienes también se jactaron de ser perseverantes en las Escrituras Sagradas, y que así y todo, poseídos de fanatismo, terminaron conspirando en perjuicio de

---

[107] San Agustín. Ep. 43, 3-7.

[108] I Timoteo III, 15.

[109] San Mateo XI 18 y 19 "Pondré sobre él mi espíritu, y anunciará la justicia a las naciones, no contenderá con nadie, no voceará, no oirá ninguno su voz gritando en las plazas."

Nuestro Señor Jesucristo, de forma cobarde y despiadada.

¿En qué les aprovechará las Escrituras a esos pobres diablos? Si cuando se convierten, reaccionan ya sin miramientos por aquellos que se atrevan a objetar sus nuevas convicciones religiosas, no importándoles más un pito, si a quien tienen enfrente es el propio padre, la madre, o cualquier otro miembro mayor de su casa.

Ellos nos llaman a nosotros idólatras, por que mantenemos imágenes para la contemplación y para la sana veneración. Creerán que somos unos tontos que vestimos muñecos, esperando recibir favores de esos cuerpos inanimados, a modo de magia. Pero si fuéramos unos zopencos (como ellos creen) haríamos preguntas tontas como ellos hacen: Y a ustedes los evangelistas ¿De que les sirve gritar que tienen fe, y hacer un espectáculo de la alabanza? Si el Altísimo les ve igual desde el Cielo, aunque ya no hagan ridículas exhibiciones y aunque le invoquen en voz baja.

Sin embargo es Nuestra Iglesia, y no otra, la que ha anunciado siempre la justicia a las naciones. La que predomina en todos los rincones del mundo sin necesidad de batallar, ni de andar vociferando en las plazas.[109]Y son ellos, los que entre la Semilla del Cristianismo viven expandiendo cizaña, los que se detienen a ver el pelillo en el ojo ajeno, y no tienen reparo de su propia paja.

Dime en que crees y te diré lo que te espera.

Hechos de los Apóstoles III, 17 "Ahora, hermanos, yo bien sé que hicisteis por ignorancia lo que hicisteis, como también vuestros jefes."

Se pide disculpas a quienes consideren que no estamos abordando este tema con la seriedad apropiada. No obstante lo es, y muy serio, aunque peligroso también. Pero tanta sandez y comicidad, no puede ser vista sino a modo de gracia. Y no nos referimos, precisamente a la Gracia del Cielo, sino graciosamente, valga la redundancia. Pues, al adentrarse solo un poco en el mundo de las sectas callejeras, se llega a comprender: de donde nace el retraimiento actual de la práctica religiosa y hasta donde llega el ingenio y la estupidez humana.

Conste que hasta ayer eran católicos, o al menos provenían de familias bien educadas. Y a pesar de haber sido testigos cercanos de nuestra bellísima tradición religiosa, hoy, ya no quieren saber nada. Seguramente el espíritu de reavivamiento les habrá dado un cachetazo, pues ahora vigorosos se levantan dando tumbos y saltos, como moscas resucitadas.

El mezquino aislamiento; la escandalosa euforia y su enferma obsesión por La Palabra, parecen reflejo instintivo general en todas las congregaciones religiosas latinoamericanas. Dichos adeptos tienden a nuclearse solamente entre otras personas iguales de fanáticas; quienes creen ser las únicas en practicar la justicia y en ello se apoyan para despreciar a los demás. Siempre alentados por un pastor, que a su vez les recomienda: "no tengan nada que ver con esa clase de gente" (refiriéndose claro, a los miembros de nuestras cofradías cristianas). Y así se la pasan, convencidos (por la voz interior) de que cada uno de ellos son realmente personalidades iluminadas, escogidas y seleccionadas ¡Todos ellos son muy valiosos ante los ojos de Dios! Y el resto de la gente, no valemos nada ¡Imagínense el grado de petulancia! y cuan amplio debe ser el panorama universal de estos monigotes (de pobre orientación religiosa) para andar confiando en semejantes bobadas. Tal narcisismo crónico y contagioso, por otro lado, les vuelve incapaces de percibir el soplo del Espíritu Santo, en distinto lugar, fuera de aquellas congregaciones de índole privada, donde las personas responsables, basadas en aquel Salmo que dice "Toda la tierra, cantad alegres a Yahvé, levantad la voz, aplaudid, y cantad"[110] ponen en marcha todo un montaje escénico, con micrófonos y parlantes, para volver en exhibicionismo su gemebunda alabanza.

[110] Salmos XCIX, 4.

Allí, entre gritos de aleluyas y alabaos al Señor, se invita a participar al Espíritu Santo, y ahí, empieza el acervo de desvaríos en maza. Pues, fingiendo estar en medio de su presencia, el pastor y sus invitados hacen montones de payasadas, creyéndose así estar limpiando todos sus pecados y faltas.

A continuación vamos a reproducir un breve episodio de una función evangélica en Costa Rica, llevada a cabo en plena plaza: "¡Algo maravilloso va a pasar esta noche!" (exageraba el pastor) mientras por el otro lado iba avanzando el sombrero, recogiendo los diezmos (eso en realidad era lo único que pasaba). "El Espíritu Santo se siente...se siente..." -gritaba-. Y de verdad se sentía, pero ¿porque tendría ese olor? Un menor se tapaba la nariz, mientras le decía a su mamá: "Yo no hice nada."

Mas, sin darle cabida a la distracción, volvió el animador a llamar la atención:"Pueden besarse hermanos "¡Aleluya, somos libres... Libres!" Y el pueblo bendito respondía feliz. Los hombres especialmente gustosos, disfrutaban del espectáculo, la música y la velada. Era la oportunidad de vivir una experiencia religiosa, besando a todas las "pollitas" del barrio, que estaban para la ocasión, cuidadosamente emperifolladas.

Una vana y dos vacías.

San Mateo XIII 41 "Enviará el Hijo del hombre a sus ángeles y quitaran de su reino a todos los escandalosos, y a cuantos obran la maldad."

Quien se detenga a escuchar a esos predicadores públicos que andan vociferando en las plazas, notará de inmediato, que la mayoría de estos individuos, desconociendo por completo nuestro credo, igualmente se animan a objetar sobre la fe católica, engañándose y engañando a aquellos que menos aún, han recibido una orientación religiosa adecuada. Pero, efectivamente, tenemos malas noticias para los desafortunados seguidores de estos temerarios anónimos, salidos de la nada. Bien lo afirmaba San Agustín: "No come el Cuerpo de Cristo el que no está en el Cuerpo de Cristo." Eso significa: que quien no ratifica la fe, haciendo una visita, aunque sea esporádicamente por los sacramentos, así se trate del más experimentado orador, no retornará jamás a un Estado de Gracia.

Ellos alegan que por la expiación de Cristo ya han recibido la justicia de Dios, y no podemos, ni necesitamos obtenerla por medio del Sacrificio, ni por acción litúrgica, ni por medios morales y que la vida religiosa es solamente un aderezo superfluo que no representa ningún beneficio para el alma.

En verdad, tienen de donde heredar su terquedad e ingratitud, pues reproducen la misma dureza de genio de los fariseos y conservan la hostilidad de los samaritanos, quienes aunque recibieron los libros del Pentateuco del pueblo judío, por una rivalidad sociocultural con éstos, también decidieron ser indiferentes a sus tradiciones, sujetándose tan solo a observar las Escrituras Sagradas.

Y hoy se les verá muy orgullosos, pasar caminando por las calles cargando en mano una Biblia, la que utilizan para jactarse de su perseverancia en La Palabra. Pero basta con hablar dos minutos con alguno de ellos, para descubrir que apenas le pasan el ojo a la Biblia, como si fuera un periódico o libro de cocina, de donde pueden sacar las recetas que sirven a su causa.

Este móvil interesado y escandaloso, no tiene sino el objetivo de rescatar prosélitos a como de lugar, usando para sobrevivir (y no extinguirse) sucias trampas.

Quien tenga la cortesía de recibirlos en el propio hogar, padecerá sus embestidas metódicas y preparadas, las cuales carecen de sentido común, son contradictorias y no tienen ni pizca de sustancia. [111]Pero los vecinos desinformados, al escuchar por primera vez, las elocuentes expresiones escogidas, que los predicadores "carismáticos" van repitiendo casa por casa, difícilmente las pueden asimilar, y lo más probable, se queden sin respuestas, volviéndose indefensos y presas vulnerables a sucumbir ante sus garras.

Las estrategias de persuasión que utilizan las sectas, suelen ser muy diversas, pero en general, se sujetan a bases meramente apocalípticas.[112] Y la carnada, es una ilusión de salvación futura, que podrán gozar abrazándose a la fe que propone esta gente especialmente adiestrada.

Notamos también, que sus víctimas, desde aquel momento que caen seducidas por aquellas religiones dirigidas y fomentadas por intereses particulares, paradójicamente se vuelven renuentes al diálogo sereno, frenéticos e impiadosos al mismo tiempo.

Su repentina obsesión, comienza a ser motivo de temor y vergüenza hasta para sus íntimos allegados, quienes notan el cambio repentino de personalidad, desde aquel mismo instante que se han vuelto defensores acérrimos del nuevo equipo y que han dejado todo, por sumarse a unos clanes de morondanga.

Aún, lo peor es que, quienes de milagro logran escapar de sus filas alienadas, abochornados y desilusionados por lo vivido, difícilmente logran volver a creer, optando ya, por abandonar las religiones y así, la indiferencia es lo que les embarga.

---

[111] Decimos que es contradictoria principalmente porque, mientras que alegan no hubo intermediarios entre el Hombre y Dios, sí creen que por medio del pastor, manifiesta su poder inmensurable el Espíritu Santo. Dándole a este individuo poderes sobrenaturales (que por su puesto, cualquiera podría desarrollar en su propia casa, sin necesidad de asistir a ninguna congregación, ni iglesia).

[112] Desde el siglo XIX los Testigos de Jehová alegan que "vivimos en el tiempo del fin " de este mundo inicuo. Desde entonces pusieron fecha de expiración de nuestra existencia, que han postergado una y otra vez, pues nada ocurre, pero igual están para dar testimonio de ello. Y aunque no es cierto, sí les hace juntar cuantiosas sumas de dinero.

Hay gente pa' todo.

Timoteo IV, 1-2 "Pero el Espíritu dice claramente que en los postreros tiempos algunos se apartarán de la fe, escuchando a espíritus engañadores y a doctrinas de demonios; por la hipocresía de mentirosos que, teniendo cauterizada la conciencia..."

¿A quien, no le gustan las fiestas y la algarabía? ¿O asistir a banquetes con orquestas, relacionándose con elegantes hombres de traje, mujeres con polleras, tacones y muy bien vestidas?

Transformar el credo en una suerte de espectáculo se ha vuelto la forma moderna de conquistar a aquellos que rehúyen a la confesión; a la fidelidad conyugal y a la Eucaristía. Que no soportan las reglas, ni toleran las regulaciones de nuestra sana doctrina, pues consideran: se llega más cerca de Dios, amontonándose frente a un púlpito escénico, montado súbitamente por pastores y colaboradores, los cuales fingiendo invocar al Espíritu Santo, transmiten a los más débiles su propia fortaleza y energía.

Hoy, llega a tal punto la desfiguración de ciertos ritos, llevados a cabo especialmente por aquellas sectas llamadas de reavivamiento o pentecostalistas (donde se llora y se grita; algunos emiten sonidos extraños simulando el don de lenguas y donde todo el culto se transforma en euforia colectiva) que por haber desviado totalmente su orientación y paralelo con la enseñanza apostólica, hasta sería irrespetuoso ubicarlas al nivel de las Iglesias Evangelistas. Pues, si para ostentar calidad de cristiano solo bastara con leer la Biblia, merecerían también dicha reputación, tanto los miembros de la aristocrática escuadra masónica mundial, como los santeros de Cuba o los bandos espiritistas.

Con no poco espanto, observaremos a continuación, el modo en que operan y van emergiendo del sagrado tronco del cristianismo, las más diversas y extravagantes corrientes religiosas, afanosas de expandirse según la demanda y la cultura de los individuos; despertando y fomentando la apostasía.

La liberalidad religiosa, llega al límite de su expresión, con la designación de niños pastores en Brasil; con la legalidad, de las sectas cristianas de Santo Daime -Fortaleza- donde diariamente preparan brebajes de ayahuasca para recibir a los prosélitos (un narcótico alucinógeno local y peligroso que se sirve luego a forma de bebida). Del mismo modo, en el Sur de California, avalado por la constitución de U.S.A. (la que al igual que Brasil favorece la libertad de culto) hay un individuo, el reverendo Steve Carnes, que luego de fundar su Iglesia (a la que llama Ministerio Unido Cannabis) ofrece en los Sacramentos, una dosis con hojas de plantas de Marihuana, justificando la adicción de su grupo con La Palabra bíblica: "He aquí, yo os he dado toda planta que da semilla..."[113]

Y sin duda, si el embuste, y el desagradecimiento se personificaran, residirían en El Salvador (país cristiano desde su sepa, de ahí su nombre) puesto que existe hoy más del 50 % de la comunidad rural volcada a las sectas, a pesar que tuvieron a un guía espiritual genuino, llamado Monseñor Romero,[114] que dio por ellos literalmente su vida. Se harían socias de las Asambleas los Testigos de Jehová o ¿Por qué no? Miembros de los clubes adventistas. Éstas, más que ninguna otra secta, indican que hay que combatir el culto católico y sus rituales, basándose en predicciones meramente mesiánicas y apocalípticas.

---

[113] Génesis I, 29.

[114] Monseñor Óscar Romero, en 1980, un día antes de ser asesinado por las hordas del gobierno dictatorial, mientras oficiaba una misa, hacía este llamado al ejército salvadoreño: "Yo quisiera hacer un llamamiento, de manera especial, a los hombres del ejército. Y en concreto a las bases de La Guardia Nacional, de La Policía, de los cuarteles... Hermanos, son de nuestro mismo pueblo. Matan a sus mismos hermanos campesinos. Y ante una orden de matar que dé un hombre, debe prevalecer la Ley de Dios que dice: "No matar." Ningún soldado está obligado a obedecer una orden contra la Ley de Dios.". ¡Cuanta ingratitud regada! ¡Que mal hace hoy, todo El Salvador en olvidar!

Recordemos que los Testigos de Jehová, siguiendo las profecías de su fundador William Miller,[115] vaticinaron falsamente que para 1844 llegaría el final de los tiempos, pero al no acontecer lo predicho, tuvieron que re-elaborar su estrategia y ya no se arriesgaron a dar fechas, aunque si continuaron con su obstinada idea de interpretar a su modo la Biblia.[116]

No se dan cuenta de todo el mal que hacen al denigrar el sacerdocio y fomentar tanta anarquía ¿Quién confiará luego en las Iglesias? Si vemos que hasta un miembro de la mafia Yacuza, el día que se cansa de formar parte del crimen organizado en Japón, simplemente abre una iglesia pentecostal y se vuelve pastor, ¿Quién confiará en las religiones? Si basta con que exista un arrogante e invente una Religión, para que brote ciegamente feligresía. Por ejemplo, en San Nicolás de los Arroyos, un pueblito de la Pcia. de Buenos Aires, existe un personaje de nombre Ubaldo Rolón, él mismo confiesa ser Pedro y su mujer –Liliana Reyes– dice estar esperando en su vientre al Redentor. Así han juntado otros diez Apóstoles y han formado su propia Sede Papal en la Argentina. ¡No! Si hay gente pa' todo en esta vida.

Irreligiosidad como consecuencia.

San Juan III, 20. "Pues quien obra mal, aborrece la luz, y no se arrima a ella, para que no sean reprendidas sus obras."

Ayer, no había muchas razones por las cuales los creyentes podían llegar a desconfiar de la propia Religión. Pues, primeramente es un reflejo innato de todo ser humano creer en algo, ya que solo la

---

[115] William Miller (1782-1849) Predicador, laico, metodista, masón, militar, agricultor y jefe cívico local en Low Hampton, N. Y. Fundador de los Testigos de Jehová.

[116] Por ejemplo, basados en una frase del Apóstol Santiago: "La oración de la fe salvará al enfermo."Hacen un comercio y un falso circo de ello.

conciencia teísta, puede explicar los fenómenos que no consiguen comprender los hombres más sabios, ni por medio de la ciencia; la física o la mecánica cuántica.[117] Segundo, no hubo jamás pueblo alguno sin Religión o civilización sin sacerdotes, con el encargo oficial de atender todo lo que concierne al Culto Divino, y a la interpretación los Signos Sagrados o de las Leyes Reveladas. Quien discuta nuestra concepción creacionista, simplemente se hará el distraído o preferirá dejar pendiente y sin explicaciones, montones de manifestaciones físicas básicas. Hoy entre la sociedad, hay toda una combinación de síntomas enfermizos,[118] elementos que llevan a muchos individuos a optar directamente, por ya no aferrarse a ninguna Religión. Y no es esto, solamente por causa de la rebeldía o de la ignorancia. Imagínense: ¿cómo debe de sentirse una persona honesta, que luego de haber transitado por años en alguna de esas congregaciones evangélicas inventadas, de repente percibe la manipulación que hay detrás de toda esa farsa? ¿Cuánta decepción y frustración acumulará aquel individuo que descubra el turbio origen de la Religión a la que ha confiado la vida? Desencanto que solo puede terminar, alejándola. O por ejemplo ¿Qué camino puede tomar hoy un mestizo, descendiente de Cheroqui, que al estudiar el pasado de su nación, advierte que su raza ha sido exterminada por unos laicos de orientación cristiana? ¿Cuántos habrá? Que ya están cansados de la charlatanería especulativa; de las iglesias fraudulentas; de religiones racionalistas y panteístas; del liberalismo teológico y de aquellas teorías metódicas que plantean conceptos tan contradictorios, que hasta terminan confundiendo y llevando a un desinterés total por las Iglesias o al abandono de la tradición religiosa heredada.

---

[117] Ni si quiera el más reconocido filosofo podrá responder ante el milagro de la existencia ¿Qué fue primero, el huevo o la gallina?

[118] Si no es enfermedad la arrogancia, la adicción al sexo y la indiferencia de valores morales y religiosos. Entonces podemos decir que vivimos en una sociedad sana.

En verdad, aunque no lo crean, sí hay iglesias derivadas, de corrientes sospechosas, que también saben despertar el "síndrome de abstinencia y el sedentarismo religioso." Y para experimentarlo en persona, bastará con asistir por un tiempo una de esas Iglesias Bautistas del Sur de Texas, donde en vez de la Eucaristía y contemplación de Santos, tenemos montones de monigotes blancuzcos sobre un escenario, haciendo música country adaptada. O darse tan solo una vuelta por las sucursales evangélicas "Pare de sufrir" en ciudades como Brasil, México o Panamá, donde predomina el espectáculo barato y la payasada.

Hoy nuestros hijos, adictos a la esa televisión que halaga e incentiva a la vanidad, los videojuegos y redes sociales (que infunden y adulan la rebeldía) se preguntarán: ¿realmente valdrá la pena tener la Biblia como libro cabecera? Nuestra recomendación sería indiscutiblemente un sí, porque grandes personalidades le tuvieron como tal: Por nombrar algunos pocos: Carlomagno, Hernán Cortés, Simón Bolívar, Martin Luter King entre otros y ¿a cuantos no habrá inspirado, nutrido y aliviado? ¡A miles de millones! A familias enteras, ricos, pobres, enfermos y esclavos; de hoy y de ayer, de una u otra raza.

Para terminar, queremos agregar, que solo la fe y la ilusión nos da aspiración, llevándonos a transitar confiados por ciertas experiencias suscitadas por la propia esperanza.

La fe nos dice que solo Dios es la Personalidad, quien sanciona cada empresa (del Hombre y la naturaleza). Por eso el piadoso tiene mayor consuelo ante la desgracia. La fe es la que nos hace ser más decentes y considerados con el prójimo. Bien impregnado en ella, el hombre santo se brinda todo y muere, sin esperar reconocimiento ni ganancia. Mientras que el destino del no creyente, cual animalito furtivo que evoluciona dando tumbos, lo marca la suerte, el empeño y la arrogancia. Solo busca satisfacer su placer, engrandecer su nombre y orgullo; le aterra solo pensar en que exista una doctrina donde el valor del individuo se mide de acuerdo al tamaño del corazón, de la fidelidad, y no, por el prestigio entre la sociedad, el volumen de su cabeza o de su panza.

La idea que haya un Dios, es denigrante para el intelecto moderno, que manifiesta su euforia y condena a su suerte, aventurando por los bares y fumando Marihuana. Es una teoría espantosa y retrógrada del medioevo, solo creíble para los niños inocentes sin una inteligencia desarrollada.

Algo en común, entre los protestantes; los idealistas; los científicos y los políticos, es que todos ellos en definitiva conducen a la incredulidad y a la desconfianza. A todos ellos les encanta discutir, polemizar y contradecirse sin llegar jamás a nada.

> Romanos XVI, 20.
> "El Dios de la paz quebrante presto a Satanás debajo de vuestros pies. La Gracia de Nuestro Señor Jesucristo sea con vosotros."

RESUMEN

Al clero: Que apaciente la grey de Dios puesta a su cargo. Gobernándola y velando sobre ella. No por necesidad sino con afectuosa voluntad, no con un sórdido interés sino gratuitamente.
I San Pedro V, 2.

No encarnemos el arrogante papel que tan bien representaron los judíos.

La Verdad no puede estar aprisionada.

A los feligreses: Que el prestigio falso de las personas, no les lleve a descuidar la comisión evangélica ¡Y mucha atención! Que el reclamo protestante no se alimenta sino, de negligencia nuestra.
I Corintios XIII, 4.

Al pueblo en general: No vasta con estar bautizado o asistir a la Misa para vivir dichosamente esclarecido. Hay que instruirse en la fe para entender la esencia y la profundidad del dogma; así nada podrá confundirlos.
San Mateo VII, 21.

La religión Católica, es la ciencia del amor y de la integración.

"El que tenga oídos para oír, oiga."

A los cismáticos: No conforman el Cuerpo de Cristo, aquellos cristianos separaros. Puesto que Nuestro Señor no reconoce como propios, los miembros que han sido mutilados.
I San Juan IV , 3.

E imaginen, si hoy Nuestra Iglesia se mantiene plena y dichosa ¿Cuánto más lo será, aquel día de la conciliación mundial?

Made in the USA
Monee, IL
10 September 2026

62771019R00085